Quand l'islamisme pénètre le sport

Médéric Chapitaux

Quand l'islamisme pénètre le sport

puf

ISBN : 978-2-13-085474-6
Dépôt légal – 1re édition : 2023, octobre

170 bis, boulevard du Montparnasse, 75014 Paris

Chaque fois que nous découvrons quelque chose qui nous semble si étrange et si incompréhensible que la seule explication que nous puissions en donner est une version quelconque de « ils doivent être fous », nous devrions systématiquement suspecter que nous manquons grandement de connaissances sur le comportement que nous étudions. Il vaut mieux supposer que tout cela a un sens et en rechercher la signification.

Howard Becker,
Les Ficelles du métier, 2002

À la République, qui m'a permis
d'être scolarisé, de pratiquer du sport,
de faire des études supérieures, de travailler
et d'élever mes enfants dans le respect
du combat universaliste de nos aînés.

Préface

Briser la *doxa*

par Bernard Rougier

Ce n'est pas le moindre des mérites de l'ouvrage de Médéric Chapitaux que de briser une *doxa* défendue par le ministère des Sports et de nombreux chercheurs, selon laquelle le sport en général, et les sports de combat qui font l'objet d'une attention particulière dans l'ouvrage, seraient immunisés contre le risque islamiste et la tentation violente. Toutes les connaissances présentées ici tendent à montrer l'exact contraire : la salle de sport est l'un des analyseurs privilégiés du phénomène communautaire dans ses diverses dimensions, puisque les comportements sont évalués, en de nombreux cas, à l'aune de normes religieuses à référent islamique mises en circulation dans les quartiers par de nombreux canaux d'influence.

La question de l'islamisme dans le sport soulève des débats houleux dans les sciences sociales. Pour les partisans du déni – les dénégationnistes –, le phénomène n'existe pas, ou seulement de manière marginale. La généralisation et l'exagération de cas individuels jetteraient l'opprobre sur des disciplines sportives, leurs fédérations, et pire encore, une partie de la population à raison de ses croyances religieuses.

Un récent rapport de l'Institut des Hautes Études du ministère de l'Intérieur (IHEMI) est un modèle du genre[1]. Pour ses auteurs, « les radicalisés sont significativement moins sportifs (550, soit 7 % du FSPRT, en baisse) que la population générale ». Pareille affirmation n'a strictement aucun sens puisque le fichier du FSPRT ne contient pas tous les « radicalisés » en activité sur le territoire national. De même, le fait d'affirmer que « les associations sportives sont très faiblement touchées [...] par le communautarisme » entre en contradiction directe avec l'affirmation qui suit immédiatement : « Le fait musulman semble croître, parfois associé à des problèmes de sexisme, de pression collective ou de repli identitaire. » Le principe de non-contradiction aristotélicien est quelque peu mis à l'épreuve.

Le plus invraisemblable d'un point de vue logique repose sur les conclusions tirées à partir d'une base de données comprenant 153 personnes auteurs d'actes terroristes. Selon l'étude, ceux qui font du sport de manière régulière représentent 37 % (56 personnes sur 153) – ce qui, en soi, semble déjà significatif. Il faut ajouter à cette proportion 59 autres individus qui ont « une pratique sportive inconnue ». Au total donc, 115 personnes, plus de 75 % de l'échantillon, ont une pratique sportive, contre 25 % de non-sportifs (38/153). Il est fort étrange d'en conclure « que les données collectées ne permettent pas de soutenir un

1. « Terrains de radicalisation ou de prévention ? Exploration des radicalisations dans le sport associatif », Institut des Hautes Études du ministère de l'Intérieur, Rapport, mars 2022.

rôle spécifique de la pratique sportive en soi ou de l'association sportive dans la radicalisation ».

Le meilleur reste à venir. Le rapport reprend à son compte une distinction faite aux États-Unis entre « la radicalisation cognitive » et « radicalisation violente », pour considérer que la première n'a rien à voir avec la seconde. Penser autrement reviendrait à mettre en péril les libertés publiques. Il conviendrait donc de maintenir une « position agnostique sur le contenu idéologique de l'acte violent » afin, disent les auteurs, « de ne pas s'aventurer sur le terrain des valeurs et des croyances, protégées constitutionnellement et conventionnellement ».

Ce raisonnement est à la fois spécieux et dangereux. Il revient à considérer que la recherche universitaire ne devrait pas s'intéresser aux valeurs idéologiques qui guident l'action des militants jihadistes, au prétexte de ne pas intervenir dans le domaine, préservé par la Constitution, des croyances individuelles et collectives. Pourtant, on imaginerait mal une histoire du nazisme oublieuse des théories raciales et des modalités de diffusion de celles-ci au sein de la société allemande, ni une biographie de Hitler qui passerait sous silence *Mein Kampf* – on sait quel a été le prix à payer pour avoir ignoré ce livre-programme à l'époque, même dans une traduction française édulcorée par rapport à sa version allemande. Moins d'un siècle plus tard, on retrouve des pudeurs similaires. Ce type de raisonnement explique aujourd'hui une réticence des jeunes chercheurs à faire usage du concept d'islamisme, comme si celui-ci était de nature à heurter les croyances religieuses en alimentant une logique du soupçon vis-à-vis de tous les musulmans.

Pareillement, les textes constitutionnels ne protègent évidemment pas les croyances religieuses et idéologiques qui prônent la destruction des institutions républicaines et le remplacement du régime démocratique par un autre modèle (une théocratie, par exemple). Un État totalement neutre sur le plan axiologique ne pourrait d'ailleurs pas enseigner dans ses établissements scolaires l'évolution des espèces (à moins de mettre à égalité cet enseignement scientifique avec les théories créationnistes).

Au-delà de ce sophisme irresponsable, le raisonnement des auteurs solde en quelques paragraphes une tradition sociologique qui remonte au moins à Max Weber, pour lequel « les acteurs sont orientés dans leur action sociale par les croyances et les valeurs auxquelles ils adhérent ». Accuser ceux qui prennent au sérieux l'imaginaire militant et la production idéologique des acteurs de culturalisme est un contresens sur la définition de ce dernier terme. Il ne s'agit précisément pas d'enfermer les individus et les groupes dans une essence religieuse – un « péché contre l'esprit », disait Bruno Étienne –, mais de reconstituer les contextes sociaux au sein desquels circule une idéologie qui donne sens et cohérence au vécu des acteurs et à leur intentionnalité religieuse et politique.

Censées éclairer ceux qui sont en charge, au ministère de l'Intérieur et au ministère des Sports, de lutter contre le phénomène, ces billevesées tendent à souligner qu'en définitive, le problème ne se pose pas dans le sport français. De même, la démarche consistant à établir un lien entre une religiosité normative exacerbée et le passage à la violence est frappé d'illégitimité, alors que la loi du 24 août 2021 confortant le respect des principes de la République, élaborée au ministère de l'Intérieur, reconnaît pleinement les affinités électives entre séparatisme et risque terroriste. L'action publique est ainsi placée sous le signe de la confusion, faisant de l'État le miroir des conflits qui divisent le champ universitaire et le champ social de manière plus large.

Le travail de Médéric Chapitaux rappelle que l'activité sportive croise deux dimensions indispensables à toute idéologie collective : le corps et le collectif. Établie en 1928, la société des Frères musulmans de Hassan al-Banna a constitué pour ses « scouts » des activités sportives, à l'instar des partis de masse européens de l'époque qui lui servaient de modèles. D'organisationnel, le lien est devenu fonctionnel dans les camps d'entraînement militaire d'al-Qaïda à la fin des années 1980, où l'entraînement physique de haute intensité conditionnait l'admission au rang de combattant du jihad. Dans les moments de détente, Ben Laden et ses hommes se livraient à des parties de football – une pratique interdite sous le califat de Daech.

Chapitaux rappelle opportunément l'importance du sport dans le passage à la limite représenté par l'acte terroriste, tout en introduisant des distinctions indispensables à la compréhension du phénomène, s'agissant de l'encadrement ou non de l'activité (« sport institué et non institué »), des codes spécifiques adoptés par chaque discipline sportive et, en amont, des nuances de l'engagement islamiste, de l'expression communautaire de plus ou moins grande intensité à l'exacerbation jihadiste en passant par le séparatisme assumé avec les institutions et les valeurs républicaines.

Pour décrire avec finesse ces différences, le chercheur s'est appuyé sur son expérience de cadre sportif, ce qui donne à son analyse une qualité unique et lui permet de rapporter des témoignages inédits sur ce qui se passe parfois dans les vestiaires ou lors des séances d'entraînement. En contrepoint, Chapitaux traite à sa manière la question de savoir s'il existe un *continuum* entre la pratique islamiste et le basculement terroriste, en donnant de nombreux indices étayant la thèse de la continuité. Les mêmes individus qui s'entraînent en salle peuvent se retrouver lors d'excursions privées pour des séances de *flash ball* dans la forêt ou d'échauffement autour d'un lac. La recherche de l'excellence physique est présentée chez les théoriciens jihadistes comme une étape de préparation – *i'dâd*, en arabe – avant le « combat sacré dans la voie de Dieu » (*jihad*). Cette recherche est illustrée par de nombreux hadiths sur la pratique prophétique du tir à l'arc et de l'équitation. Le sport s'apparente ainsi à un jeu mimétique, où le simple croyant devient, par effet de l'imaginaire, un compagnon du Prophète ; il augmente à ce titre l'effet de croyance et l'effet d'adhésion : « on se prend au jeu, on ne peut plus quitter le jeu. On ne s'appartient plus : on est passionné »[1].

1. Nicolas Grimaldi, *À la lisière du réel. Entretien avec Anne-Claire Désesquelles*, Paris, Pocket, 2020, p. 151.

Dans la société française d'aujourd'hui, l'univers de la salle ou du terrain de foot est propice à la constitution d'un lien spirituel où se noue, dans l'épreuve physique, la solidarité de groupe. Le sport est ainsi le lieu de la parole rare, sincère, authentique, dès lors qu'elle accompagne l'effort individuel et collectif. « Pas de foi sans audition des voix », écrivait Michel de Certeau : une voix « faite de souffle », qui « garantit un corps et qui annonce du sens[1] ». Il est difficile de ne pas voir une similitude entre l'ascèse religieuse, faite d'injonctions répétées et de rituels d'accompagnement, et la discipline de l'entraînement sportif, faite à son tour d'émulation et de répétitions dans la voie du progrès. L'éducateur acquiert dans ces conditions un statut privilégié, en particulier auprès des jeunes pour lesquels il est l'ultime source de l'autorité.

En parlant de « déviance » pour décrire les comportements religieux de rupture par rapport aux normes en vigueur, Médéric Chapitaux rappelle implicitement la relation de l'ordre sportif avec l'ordre politique démocratique. Le sport consacre l'existence de valeurs propres à un ordre et s'inscrit dans le processus de séparation des différentes « sphères d'activité » caractéristique de la modernité politique. Au terme de la « Grande Transformation » analysée par Karl Polanyi pour illustrer le processus en vertu duquel l'économie a acquis le statut de domaine autonome, régi par les lois spécifiques du marché, chaque espace social a vocation à être régi par ses propres normes.

1. M. de Certeau, « Histoires de corps », revue *Esprit*, février 1982, p. 2-9.

L'ordre de la « grâce », pour reprendre les mots de Luc Boltanski et Laurent Thévenot, ne peut venir contaminer l'ordre de la performance sportive, réglée sur une morale universelle de la compétence et d'une règle technique égale pour tous[1].

B. R.

1. L. Boltanski et L. Thévenot, *De la justification : les économies de la grandeur*, Paris Gallimard, 1991.

Introduction

L'étude des déviances dans le sport a été l'objet de nombreux travaux en sciences sociales pour montrer que ce secteur, comme tout autre espace de socialisation, est traversé par ce type de problématiques. Trop souvent présenté comme un lieu privilégié d'intégration, le sport demeure pourtant perméable aux différentes formes de déviance. Pour autant, nous avons souvent constaté comme une certaine discrétion dans le traitement de telles dérives en particulier quant au rôle grandissant de l'islamisme au sein des clubs sportifs.

Le secteur du sport est particulièrement complexe à appréhender et à enquêter, tant sa structuration est diversifiée sur le territoire national. Avec des disciplines aux contours les plus éclectiques, des systèmes de structuration très différents, la compréhension de ce microcosme nécessite un regard avisé pour éviter les raccourcis, les amalgames et la stigmatisation. Presque tout le monde pratique, ou a pratiqué, un sport à un moment de sa vie. Les bienfaits qu'il procure sont indiscutables. Mon approche vise donc à préserver le sport d'une menace identifiée (l'islamisme) qui s'est immiscée dans un espace de socialisation teinté d'angélisme. Certains chercheurs, politiques, fonctionnaires ou encore acteurs du sport affirment que le phénomène n'est pas massif et que le sport s'en sort plutôt bien, comparé à d'autres secteurs de la société.

Commençons par dire que la menace est très mal quantifiée et parfois même sous-évaluée. Lors de mes déplacements et de mes échanges, les acteurs de terrain ont tous rechigné à aborder la question ouvertement, soit par incompréhension, soit par incompétence, soit par peur.

LES TRIBULATIONS D'UN ACTEUR DE TERRAIN

La pratique du sport intensif et de compétition a participé à la construction de mon être social, ce qui m'a conduit, presque naturellement, à une socialisation professionnelle liée à cet engagement. Au cours de ces étapes, le sport a pris pour moi différentes formes, comme la recherche de la performance compétitive, lorsque j'étais licencié des fédérations de football et de sports de combat, ou une volonté de performance afin d'atteindre des objectifs professionnels alors que je servais au sein de la Gendarmerie nationale.

Dès 1995 et mon entrée au sein de cette institution, j'ai pris conscience de l'importance de la pratique sportive dans la carrière professionnelle qui s'ouvrait à moi, jeune militaire. Si tous les gendarmes ne sont pas contraints à des performances physiques exceptionnelles, il est néanmoins nécessaire de réaliser des exigences minimales pour conserver les différentes habilitations que requièrent le statut militaire et la spécificité des missions inhérentes aux fonctions du gendarme. Un jeune sous-officier est très souvent évalué par ce biais dès son intégration et ses notations administratives sont, le plus souvent, liées à ses performances sportives.

Mon profil de carrière au sein de l'institution s'est donc structuré autour d'un triptyque assumé : sport, intervention, terrain. Mes qualités physiques générales, repérées par la hiérarchie, m'ont ouvert les portes de l'apprentissage des techniques d'intervention au sein des équipes idoines dans les escadrons de gendarmerie mobile puis en peloton de surveillance et d'intervention.

Le terrain s'apprend, s'apprivoise et se respecte : c'est ainsi que les anciens l'abordent avec les jeunes gendarmes à leur arrivée dans les unités. L'acculturation au terrain se fait par une forme de compagnonnage dont l'objectif est de permettre l'intégration d'un habitus professionnel. Le gendarme est un acteur légitime faisant respecter l'ordre républicain en tous lieux et en toutes circonstances. S'il ne doit jamais reculer pour faire appliquer les principes de la République, il se doit de toujours respecter le terrain et ceux qui le foulent tout en s'adaptant aux situations qu'il est amené à gérer en qualité d'« invité ». Avec le recul, c'est ainsi que je définis le rapport au terrain. Après quinze années à servir au sein de cette institution, l'expérience professionnelle accumulée dans les nombreux départements visités m'a permis de développer des facultés d'adaptation qui m'ont été très utiles pour le présent travail de recherche.

Dès 2005, je reprends un cursus universitaire afin d'intégrer le ministère des Sports par le biais de la procédure de mobilité des militaires sur les emplois publics. Cette période de transition professionnelle me permet de réfléchir à mon cadre d'action dans le fonctionnariat au sein de ce ministère que je méconnais. La dualité de ma pratique personnelle/professionnelle et le contact avec les fédérations apparaissent comme une compétence forte pour mon éventuel recrutement, mais ma mauvaise connaissance de l'administration sportive la fait s'apparenter pour moi à une nébuleuse. Pourtant, après une procédure institutionnelle particulièrement longue, j'intègre les Sports en 2008 et je suis affecté au sein de la Fédération française de sports de contacts et disciplines associées (FFSCDA), avec pour double objectif de faire respecter le cadre réglementaire du ministère et de développer le réseau fédératif dans les territoires.

Au cours des six années de cette mission, le képi semble ne m'avoir jamais quitté, que ce soit dans le regard de mes interlocuteurs (collègues, sportifs, entraîneurs, élus) soit dans le cadre de mon propre fonctionnement. L'adaptabilité apprise et développée dans ma première phase de socialisation professionnelle, notamment le rapport aux terrains difficiles, a été d'un grand secours lors de mes premiers pas. Avec le recul, je remarque que le milieu des sports de combat est paradoxal puisqu'il draîne des acteurs aux trajectoires les plus divergentes. Nous pouvons retrouver dans un même club des représentants des forces de l'ordre, des délinquants, des politiques et des personnes aux parcours les plus éclectiques. Cette mixité sociale participe réellement du fonctionnement associatif. En exerçant ces missions au sein de cette fédération délégataire, ma culture du terrain s'est accrue et les liens tissés dans les territoires m'ont permis de m'appuyer sur un maillage solide lors de mes enquêtes de terrain.

Mais ce temps passé au ministère des Sports a également mis en évidence une forme d'inculture de la sécurité et une absence de volonté de combler ce vide institutionnel de la part de certains fonctionnaires de cette administration.

UNE APPÉTENCE POUR LES QUESTIONS DE SÉCURITÉ DANS LE SPORT

Les questions de sécurité dans le sport ne sont pas naturelles, dans un milieu où l'on ne considère pas cette thématique comme un paramètre à s'approprier. Le chercheur Jérôme Ferret estime que le travail de police (en sociologie française) est un « objet sale[1] », que l'on préfère déléguer pour ne pas avoir à l'observer. Mais de mon côté, les socialisations personnelles et professionnelles m'ont conduit à développer et entretenir cette double compétence « sport et sécurité ».

1. Jérôme Ferret, *Crise sociale, question nationale et violence dans les sociétés contemporaines occidentales*, mémoire d'habilitation à diriger des recherches, Paris, EHESS, 2014.

Dès ma prise de fonction au ministère des Sports, j'ai été confronté à des problèmes de sécurité et très rapidement mon réseau « sécurité » a été réactivé, et plus particulièrement celui de mon institution d'origine. En la quittant et en intégrant les Sports, je pensais couper, sans le renier, avec ce passé au sein des forces de l'ordre. Au contraire, cette identité professionnelle s'est renforcée dans un lieu de permissivité où toutes les formes de transgression des normes institutionnelles et sociétales sont visibles, et le plus souvent acceptées. Parallèlement à ma fonction de directeur technique national par intérim de la Fédération, j'ai suivi une formation au sein de l'Institut national des hautes études de la sécurité et de la justice (INHESJ) afin de parfaire mes compétences. En reprenant pied avec les problématiques sécuritaires, j'ai identifié des manquements graves dans le cadre de mes activités professionnelles.

Avec le recul, j'ai accepté l'importance de ces déviances dans un secteur que j'espérais pourtant dépourvu de vices au moment de ma réorientation professionnelle. Si cette naïveté m'a permis de constater et de confirmer mon intérêt pour les questions de sécurité dans le sport, très peu mobilisées tant sur le plan scientifique que professionnel, elle a mis en lumière une forme de soumission, d'acceptation de ces déviances de la part des acteurs du sport. Si de nombreux travaux académiques et d'essais ont mis en exergue les problématiques de dopage et de supportérisme déviant, plus rares sont les productions sur ce que nous pourrions appeler les déviances criminelles.

Fort de ce constat, j'ai récupéré des éléments sur les différentes déviances que nous avons observées, directement ou indirectement, dans le cadre de nos missions au sein du ministère des Sports. Ce travail a débouché sur la publication, en 2016, d'un ouvrage intitulé *Le sport, une faille dans la sécurité de l'État*. La publication de cet essai a montré une forme d'isolationnisme exacerbé du sport et des valeurs qu'il entend promouvoir. Un chapitre a particulièrement retenu l'attention des médias et des autorités, celui ayant trait à la radicalisation dans le sport. Devant l'incompréhension des mécanismes et des processus ayant conduit au basculement de ces Français devenus terroristes contre leur propre pays, on m'a encouragé à persévérer dans mon expertise des questions de sécurité sportive.

LA DÉVIANCE RELIGIEUSE COMME CADRE THÉORIQUE

Quand cette thématique est abordée dans l'espace public ou dans le domaine scientifique, un déferlement passionné d'experts et de chercheurs agite aussitôt les arènes scientifiques et médiatiques pour discuter, le plus souvent avec virulence, la dernière publication sur le sujet. Les différents auteurs sont sans cesse accusés de falsifier les données, d'orienter les recherches, de biaiser les méthodologies d'enquête, ou se voient opposer toutes sortes d'arguments susceptibles de remettre en cause le travail scientifique, d'expertise ou journalistique. Toute cette agitation ne laisse que très peu de place à une véritable discussion scientifique sur cette thématique d'actualité, qui nécessite pourtant qu'on s'y attarde, tant les débats sont parfois déraisonnés. Le sociologue Howard Becker nous invite pourtant à la réflexion avec ces mots :

> Chaque fois que nous découvrons quelque chose qui nous semble si étrange et si incompréhensible que la seule explication que nous puissions en donner est une version quelconque de « ils doivent être fous », nous devrions systématiquement suspecter que nous manquons grandement de connaissances sur le comportement que nous étudions. Il vaut mieux supposer que tout cela a un sens et en rechercher la signification[1].

Cette supposée folie, souvent posée comme justificatif aux affidés de l'État islamique, et le « radicalisme religieux[2] » utilisé par les responsables de cette organisation terroriste, doivent être tempérés. Les radicalismes religieux sont des « mouvements qui cherchent à réaffirmer une tradition spécifique et à impulser une orientation qui valorise le retour aux sources, le retour au texte ou ce qui est présenté comme l'âge d'or religieux. Ce type de démarche s'observe aussi bien dans le catholicisme, le judaïsme, le protestantisme que l'islam[3] ».

Pour ces mêmes auteurs, le radicalisme musulman s'inscrit « principalement dans deux filiations. Tout d'abord le mouvement des Frères musulmans [...] qui prône la construction d'un État islamique à l'encontre

1. Howard Becker, *Les Ficelles du métier*, Paris, La Découverte, 2002.

2. Olivier Bobineau, Sébastien Tank-Storper, *Sociologie des religions*, Paris, Armand Colin, 2012.

3. *Idem.*

d'une société moderne corrompue et idolâtre. [...] Une seconde filiation du radicalisme musulman est [...] la *Jama'at al-tabligh* (Société pour la propagation de l'islam). [...] Ce mouvement prône l'imitation à la lettre de la conduite et des comportements du prophète Mahomet. [... et] trouve également parfois un écho en France auprès de certaines populations immigrées de tradition musulmane[1] ».

Si les individus attirés par ce radicalisme religieux ne sont pas tous, nécessairement, des « fous », selon Gérald Bronner[2], il convient d'aborder cette thématique par une approche excluant, *de facto*, la dimension pathologique en nous concentrant sur une notion classique de la sociologie : la déviance.

Nous considérerons donc ici le radicalisme religieux, et plus précisément celui qui s'attache à l'islam, comme une déviance. D'un point de vue sociologique, la déviance ne renvoie nécessairement pas à « un défaut d'obéissance aux normes du groupe », mais résulte « d'une transaction effectuée entre un groupe social et un individu qui, aux yeux du groupe, a transgressé une norme. [...] La déviance est une propriété non du comportement lui-même, mais de l'interaction entre la personne qui commet l'acte et celles qui réagissent à cet acte[3] ». Loin de nous la seule idée d'envisager les religions, pas plus l'islam que le catholicisme ou le judaïsme, comme une déviance, mais leurs pratiques

1. *Idem.*
2. Gérald Bronner, *La Pensée extrême. Comment des hommes ordinaires deviennent des fanatiques*, Paris, Puf, 2016.
3. Howard Becker, *Outsiders. Études de sociologie de la déviance*, Paris, Métailié, 1985.

ou leurs signes ostentatoires peuvent le devenir au regard d'un cadre normatif observé. Nous utiliserons donc ce concept éprouvé en sociologie pour tenter de comprendre ce qui se joue dans un espace contraint et normé : le sport institué.

Ce secteur exclut toute forme d'ostentation religieuse dans son fonctionnement et le cadre normatif imposé aux différents sports relevant de la Charte olympique. Cet espace aux interactions nombreuses est un lieu de mixité sociale, ethnique, culturelle, très fortement mobilisé dans le cadre des multiples politiques d'intégration, ou encore d'inclusion, mises en œuvre dans notre pays. Connu pour être un lieu de festivités, de réussites sociosportives et de tant d'autres valeurs véhiculées pour que soit positive l'image du sport, ce secteur peut également être un lieu d'expression de déviances.

Pour autant, celles-ci ne peuvent être toutes catégorisées de la même manière et nous empruntons à Xavier de Larminat son modèle explicitant les différentes formes de normes. Ce sociologue distingue les « normes formelles (lois, règlements intérieurs, Code de la route, dogme religieux...) des normes informelles (usages, coutumes, morale...). La transgression des normes formelles donne lieu à des sanctions codifiées au préalable (peine, amende, exclusion...), tandis que la transgression des normes informelles donne lieu à des manifestations de réprobation plus diffuses (froncement de sourcil, sarcasmes, mépris, isolement...)[1] ».

1. Xavier de Larminat, « Sociologie de la déviance : des théories du passage à l'acte à la déviance comme processus », Lyon, ENS, 29 juillet 2017.

Ainsi, la « radicalité religieuse[1] » peut être considérée comme une déviance formelle dans le cadre du sport institué et informelle lorsqu'elle s'immisce dans les activités sportives non instituées. Cette précision demeure nécessaire au regard des multiples strates qui composent les dispositifs sportifs en France. Nous ne pouvons pourtant aborder la déviance sans évoquer les « entrepreneurs de morale » qui se distinguent en deux types : « ceux qui créent des normes et ceux qui les font appliquer[2] ». Le créateur de normes se concentre sur le contenu, en adéquation avec les vertus qu'il prône. Intransigeant, il s'appuie sur des individus chargés de faire respecter ces normes, formelles et/ou informelles, distillées au fil du temps et des structures sportives. Nous pouvons retrouver dans ces rôles les services de l'État, les collectivités territoriales, les institutions sportives ou leurs agents, entre autres.

Si la production des normes et la vérification de leur application ne dépendent pas nécessairement des mêmes entrepreneurs de morale, des convergences fonctionnelles peuvent exister çà et là dans le champ du sport.

Le mouvement sportif, fortement administré, est structuré avec des comités directeurs (élus) chargés de produire de multiples normes, comme les règlements sportifs, administratifs et financiers, diffusés aux niveaux régional et local. Les clubs et leurs adhérents, en signant leur licence (formalité d'adhésion à un groupe sportif – la Fédération), acceptent *de facto*

1. Olivier Galland, Anne Muxel, *La Tentation radicale. Enquête auprès des lycéens*, Paris, Puf, 2018.
2. Howard Becker, *Outsiders...*, *op. cit.*

de respecter les normes et règles associées au groupe. À tous les étages de l'édifice sportif, des entrepreneurs agissent pour contrôler et faire respecter les normes imposées par les fédérations.

Si, dans la pratique, la connaissance et le respect de ces normes demeurent très variables[1], ce sont les regards des autres qui vont stigmatiser[2] ou étiqueter[3] celles et ceux qui transgressent la norme. Erving Goffman distingue trois types de stigmate, dont « les monstruosités du corps – les diverses difformités [...] les tares du caractère qui, aux yeux d'autrui, prennent l'aspect d'un manque de volonté, de passions irrépressibles ou antinaturelles de croyances égarées [...]. Enfin, il y a ces stigmates tribaux que sont la race, la nationalité et la religion[4] ». La pratique rigoriste d'une religion qui vise à imposer un comportement dans la société et des tenues vestimentaires peut, par exemple, conduire à une forme de stigmatisation de la ou des personnes concernées. Howard Becker s'inscrit dans une logique similaire, avec sa théorie de l'étiquetage synthétisée sous la forme d'un tableau à double entrée combinant deux variables dichotomiques :

1. Dans une mission d'audit, réalisée en 2018-2019 avec l'association Sport Prevent pour la Fédération française de football, sur « L'Évaluation de la perception des phénomènes de communautarisme, religiosité, prosélytisme et de radicalisation au sein de trois districts de la Fédération française de football », près de 90 % des personnes interrogées déclarent ne pas connaître l'article 1 des statuts fédéraux qui impose une stricte neutralité religieuse et politique dans la pratique du football.

2. Erving Goffman, *Stigmate. Les usages sociaux du handicap*, Paris, Minuit, 1975.

3. Howard Becker, *Outsiders*..., *op. cit.*

4. Erving Goffman, *Stigmate*..., *op. cit.*

Types de comportements déviants[1]

	Obéissant à la norme	**Transgressant la norme**
Perçu comme déviant	Accusé à tort	Pleinement déviant
Non perçu comme déviant	Conforme	Secrètement déviant

Cet outil d'analyse nous permet d'identifier l'étiquetage, à tort ou à raison, d'un individu dans un espace donné et à un instant déterminé. Ainsi, l'étiquetage résulte d'une co-construction à travers les rapports et les interactions entre les individus dans un espace donné. Lorsqu'une seule personne diverge avec la norme du club et qu'elle est identifiée comme déviante par les autres membres, nous sommes face à de l'étiquetage ou du stigmate individuel. Ainsi, les « individus stigmatisés – du moins ceux qui le sont visiblement – ont des raisons particulières de sentir que les situations sociales mixtes tendent à produire des interactions flottantes et angoissées[2] ».

Désigné comme un transgresseur au sein du club, l'individu isolé se retrouve dans une posture inconfortable, qui remet vite en cause son adhésion. Il recherche le plus souvent une structure plus en adéquation avec son stigmate pour éviter l'étiquette qu'on lui affuble. Au sein de cette structure plus tolérante, le stigmate disparaît ainsi que l'étiquette, et l'individu

1. D'après Howard Becker, *Outsiders…*, *op. cit.*
2. *Idem.*

peut évoluer de manière plus détachée au sein d'un groupe aux comportements similaires.

Cependant, dans le sport, la déviance est susceptible de devenir collective aux yeux des entrepreneurs de morale. Cette possible déviance collective, que les politiques publiques identifient comme du communautarisme ou du séparatisme, si elle « doit être étudiée sous toutes ses facettes au même titre que n'importe quelle forme d'activité collective, nous nous apercevons que l'objet de notre étude n'est pas un acte isolé dont il faudrait découvrir l'origine. Au contraire, l'acte supposé, lorsqu'il a été effectivement accompli, prend place dans un réseau complexe d'actions faisant intervenir d'autres acteurs et revêt lui-même une partie de cette complexité en raison de la manière dont différentes personnes ou groupes le définissent[1] ».

Nous tenterons de mobiliser cette approche scientifique afin de comprendre les différentes interactions qui conduisent les acteurs du sport à potentiellement se retrouver entre eux dans des clubs pour y exercer leur pratique sportive et masquer leur déviance au regard des entrepreneurs coubertiniens du sport institutionnel. Mais revenons d'abord sur quelques définitions canoniques de termes trop souvent vulgarisés par facilité de langage et de communication.

1. *Idem.*

LA DIVERSITÉ DU SPORT COMME TERRAIN D'ENQUÊTE

Cet ouvrage est le fruit d'un travail d'analyse des données recueillies dans le cadre de mon cursus doctoral en sociologie[1] soutenu en mars 2022, de missions confiées par le conseil régional d'Île-de-France depuis 2017 sur le sport francilien, d'interventions auprès du secrétariat général du Comité interministériel de prévention de la délinquance et de la radicalisation (SG-CIPDR), et de ma participation à l'enquête de l'association Sport Prevent pour la Fédération française de football (FFF)[2].

Pour tenter d'analyser scientifiquement ces phénomènes complexes, ce sont plus de dix-huit mille documents écrits (rapports institutionnels, articles de presse, communications scientifiques) qui ont été passés à la loupe ; ont aussi été effectués une dizaine d'entretiens avec des autorités publiques, notamment du renseignement et de la lutte antiterroriste, plus d'une cinquantaine de journées de formation avec des acteurs du sport sur l'ensemble du territoire, sans parler des innombrables heures d'enquête au sein des

1. *Ces déviances que le sport n'aime pas voir : politiques publiques et éducateurs professionnels en sports de combat face à la permissivité voire au radicalisme religieux*, thèse de doctorat en sociologie soutenue et validée le 10 mars 2022 à Toulouse 2.

2. « Évaluation de la perception des phénomènes de communautarisme, religiosité, prosélytisme et de radicalisation au sein de trois districts de la Fédération française de football », 2019.

clubs sportifs à la fois pour la FFF, le conseil régional d'Île-de-France et dans le cadre de mes recherches.

Au terme de ce travail, j'ai l'intime conviction que nous ne mesurons pas le risque auquel sont exposés les acteurs du sport. Tout en retraçant mes tribulations professionnelles, en illustrant mes analyses d'exemples concrets sans pour autant en tirer des généralités, je m'appuierai également sur des enquêtes journalistiques, des propos de hautes autorités du renseignement, des documents inédits des services spécialisés et des photos tirées de sources ouvertes.

Chapitre 1

Des clés de compréhension indispensables

Comprendre le contexte dans lequel nous devons observer des situations susceptibles d'être déviantes est un préalable incontournable. Dans un premier temps, il est utile de rappeler l'histoire de la neutralité dans les principes portés par l'olympisme puis d'appréhender les définitions des termes couramment mobilisés dans les médias.

HISTOIRE DE LA RÈGLE 50.2 DE LA CHARTE OLYMPIQUE

Lors de la réunion du Comité international olympique (CIO) qui s'est tenue le 23 juin 1894 à Paris, le baron Pierre de Coubertin n'a pas précisé la notion de neutralité dans le texte fondateur qui en émane. Toutefois, les évolutions de la société moderne ont fait apparaître la nécessité d'apporter des amendements à la Charte olympique dans le but d'améliorer le fonctionnement général du CIO.

Le principe de neutralité apparaît sous la forme d'une volonté de non-discrimination des sportifs en fonction de leurs origines géographiques, raciales ou cultuelles. Cette modification réglementaire résulte du besoin de réconciliation issu de la Seconde Guerre mondiale. Cette nouvelle règle apparaît dans la charte de 1949 rédigée en ces termes :

> Durant les Jeux olympiques, les athlètes des cinq continents logent côte à côte au village olympique, sans distinction de race, de couleur ou de religion. Ils vivent là en parfaite harmonie malgré les dures compétitions des Jeux[1].

Toutefois, cette règle n'impose aucune neutralité à l'athlète dans la revendication de son positionnement politique, racial ou religieux.

Après le « poing levé » du Black Power en 1968 à Mexico, l'attentat de Septembre noir contre l'équipe olympique israélienne à Munich en 1972 et le retrait de la compétition de vingt-deux pays africains en 1976 à Montréal, le CIO modifie une nouvelle fois son règlement. Afin de préserver la neutralité des compétitions sportives qu'il organise, il formalise en 1976 cette nouvelle règle : « Toute démonstration ou propagande politique, religieuse ou raciale dans les enceintes olympiques est interdite[2]. » Depuis cette date, la volonté de garantir la neutralité des athlètes dans les grandes compétitions internationales a constamment été réaffirmée.

Le 8 août 2021, le CIO maintenait la rédaction visant à confirmer l'importance de la règle 50.2 dans

1. CIO, statuts et règlements, 1949, p. 11.
2. CIO, statuts et règlements, 1976, p. 36.

les termes suivants : « Aucune sorte de démonstration ou de propagande politique, religieuse ou raciale n'est autorisée dans un lieu, site ou autre emplacement olympique[1]. »

Les instances du sport ont cherché, par l'instauration de cette règle 50.2 dans les années 1970 et sa confirmation de nos jours, à juguler les dérives liées à la démonstration et à la propagande politique, raciale et religieuse. Cette disposition est légitimée par des actions, notamment de terrorisme politico-religieux, réalisées au sein des manifestations organisées par le CIO.

QUELQUES DÉFINITIONS

Proposer des définitions consensuelles sur des sujets aussi complexes relève le plus souvent de la gageure, tant les sensibilités scientifiques, institutionnelles ou théologiques sont nombreuses.

Selon le SG-CIPDR, le communautarisme « est la volonté de soumettre un groupe ou un espace social à des normes tirées de l'interprétation d'une religion, en l'occurrence de l'islam. Ce phénomène conduit à ce qu'une part importante de la vie sociale soit, de fait, organisée et contrôlée par des groupes d'inspiration religieuse, rigoriste et prosélyte, et, pour certains, porteurs d'un projet politique de rupture et de sécession ». Cette définition implique une forme de repli communautaire

1. CIO, Charte olympique, 2020, p. 93.

très complexe à observer sur le terrain et en particulier dans le sport. Elle nécessite inévitablement une présence humaine pour observer ces phénomènes, et cela sur une durée relativement longue.

Par essence, le sport est communautaire puisque l'idée directrice d'un club réside dans l'appartenance des adhérents à une politique validée par un comité directeur. Il convient de bien distinguer le repli communautaire du communautarisme sportif au sens positif du terme.

Pour compléter ce premier terme sans encadrement juridique, précisons d'emblée que l'État a fait le choix d'élargir son spectre interventionnel. Dans son discours d'octobre 2020, le président de la République Emmanuel Macron indiquait que le séparatisme est un « projet conscient, théorisé, politico-religieux, qui se concrétise par des écarts répétés avec les valeurs de la République, qui se traduit souvent par la constitution d'une contre-société et dont les manifestations sont la déscolarisation des enfants, le développement de pratiques sportives et culturelles communautarisées, prétexte à l'enseignement de principes qui ne sont pas conformes aux lois de la République. C'est l'endoctrinement et par celui-ci, la négation de nos principes, l'égalité entre les femmes et les hommes, la dignité humaine[1] ». Comme pour le repli communautaire, il est nécessaire de catégoriser les éléments séparatistes afin de mettre en œuvre les dispositions coercitives de la loi du 24 août 2021 confortant le respect des principes de la République.

1. Voir https://www.elysee.fr/front/pdf/elysee-module-16114-fr.pdf.

Si cet outil juridique présente une avancée indéniable pour lutter contre le phénomène, la difficulté principale demeure dans l'observation des situations dans leur contexte. Il est plus difficile d'infiltrer un club de sport en position de repli communautaire qu'une mosquée, par exemple. La nécessité de comprendre les codes des disciplines sportives comme celle d'acquérir le niveau minimal dans l'activité sont des éléments complexes qui prennent du temps. Le renseignement territorial (RT), bien que très engagé sur ces questions, n'a pas forcément les ressources et les compétences en adéquation avec ces dérives potentielles.

Lorsque de tels cas de figure sont signalés ou repérés, le RT tente de graduer la menace afin de présenter le dossier à l'autorité administrative, en l'occurrence le préfet de département. Depuis 2019, les préfets bénéficient d'un outil de suivi et de gestion adapté, les cellules départementales de lutte contre l'islamisme et le repli communautaire (CLIR), qui réunissent les partenaires institutionnels chargés de ces questions. À cette occasion, les situations sont présentées et des mesures d'observation, de répression ou d'accompagnement sont décidées. Le fonctionnement optimal de ce dispositif repose sur l'unique évaluation de l'implication de la structure, en ce qui nous concerne, les clubs sportifs. Nous mettrons en évidence les points de fragilité de la CLIR dans les nombreux exemples cités plus bas.

Pour compléter ces deux premiers termes, il nous est impossible d'éluder la notion de « radicalisation », un terme médiatiquement suremployé mais aux contours flous, que le Conseil de l'Europe considère pour sa part comme « un processus dynamique par lequel un individu accepte et soutient l'extrémisme violent de manière croissante. Les raisons motivant ce processus peuvent être idéologiques, politiques, religieuses, sociales, économiques ou personnelles[1] ». Trop souvent mobilisée comme une étiquette affublée à l'islam radical, la radicalisation est employée par les forces de sécurité intérieure pour l'ensemble des radicalités.

Des Gilets jaunes aux black-blocs en passant par les antispécistes, il est possible d'être fiché pour radicalisation. Cette étiquette, au sens sociologique du terme, est un outil de renseignement créé par et pour les forces de sécurité intérieure afin de répertorier un nombre plus ou moins important de personnes radicalisées. Celles-ci sont intégrées au sein du fichier de traitement des signalements pour la prévention de la radicalisation à caractère terroriste (FSPRT[2]).

L'entrée et la sortie du fichier sont menées par des groupes d'évaluation départementaux (GED) placés sous l'autorité des préfets de département après évaluation des services de renseignement. Ce dispositif est complété par la fiche S (« S » pour sûreté de l'État), qui vise à suivre les agissements d'une personne fichée. Là encore, cette étiquette n'est pas réservée à l'islam radical, mais bien à toutes les personnes susceptibles de porter atteinte à la sûreté de l'État, qu'il s'agisse de l'ultradroite ou de l'ultragauche par exemple. L'inscription au FSPRT et le fichage S sont des actions temporaires susceptibles d'être renouvelées

1. Recommandations adoptées le 2 mars 2016.
2. Décret n° 2015-252 du 4 mars 2015.

après évaluation par les services de renseignement et validation en GED par l'autorité préfectorale.

Mais le point le plus important et trop souvent ignoré, c'est que la radicalisation et la fiche S ne sont pas répréhensibles au sens du droit. On ne peut donc pas emprisonner ou écarter des individus inscrits au FSPRT, pas plus qu'on ne peut les empêcher d'exercer une activité professionnelle comme celle d'éducateur sportif ou de dirigeant de club. Ainsi, un éducateur sportif surveillé dans le cadre de l'islam radical est en droit d'exercer avec une carte professionnelle délivrée par la même préfecture qui l'inscrit au FSPRT et le fiche pour atteinte à la sûreté de l'État. Ubuesque et dangereux !

Le terrorisme est défini par le Conseil de sécurité des Nations unies, dans une résolution d'octobre 2004 (résolution 1566). En affirmant que les actes terroristes sont considérés comme « des actes criminels, notamment ceux dirigés contre des civils dans l'intention de causer la mort ou des blessures graves ou la prise d'otages dans le but de semer la terreur parmi la population, un groupe de personnes ou chez des particuliers, d'intimider une population ou de contraindre un gouvernement ou une organisation internationale à accomplir un acte ou à s'abstenir de le faire », le Conseil de sécurité rappelle que de tels actes « ne sauraient en aucune circonstance être justifiés par des motifs de nature politique, philosophique, idéologique, raciale, ethnique, religieuse ou similaire ».

Néanmoins, le terrorisme ne bénéficie pas de définition précise en droit international alors que le terme reste connoté politiquement et idéologiquement. En France, le Code pénal définit l'acte terroriste comme un acte se rattachant à « une entreprise individuelle ou collective ayant pour but de troubler gravement l'ordre public par l'intimidation ou la terreur[1] ».

Dans son application islamiste, cette forme de terrorisme est plus communément appelée djihadisme. Il s'agit d'une doctrine contemporaine au sein de l'islamisme qui prône l'utilisation de la violence pour la réalisation des objectifs islamistes. De fait, l'islamisme peut être considéré comme un courant de pensée, voire une doctrine, prônant l'islam comme une idéologie politique. Ainsi, il s'étend sur l'ensemble du spectre allant du repli communautaire au terrorisme en passant par le séparatisme et la radicalisation.

Si la société semble impactée par ce phénomène, le sport ne bénéficie pas d'un voile protecteur qui le rendrait imperméable aux déviances. L'histoire du sport a mis en évidence tout le contraire, avec les séquences liées au dopage, aux violences sexuelles et aux paris truqués, notamment. Nous retrouvons donc dans le sport les différentes formes de déviances islamistes en cours dans la société.

La difficulté majeure dans la compréhension et la gradation du phénomène relève de la contextualisation et de la judiciarisation possible, ou non, de ces situations. Par ailleurs l'image positive du sport et son pouvoir intégrateur, supposé ou non, freinent le plus souvent les velléités coercitives envers les clubs déviants.

1. Article 421-1 du Code pénal.

CHAPITRE 2

Terrorisme international et sports : pourquoi ce lien ?

CIBLER LE SPORT POUR RENDRE PLUS VISIBLE SON ACTION

Les événements sportifs sont souvent la cible d'attentats terroristes à travers le monde depuis plusieurs décennies. En 2010, l'équipe nationale de football du Togo est victime d'une attaque deux jours avant le début de la Coupe d'Afrique des Nations. En 1996, les Jeux olympiques sont endeuillés à la suite d'un attentat à la bombe dans le parc du Centenaire d'Atlanta. Cette seconde attaque lors d'un événement sportif majeur fait suite aux attentats de 1972 lors des Jeux de Berlin. Septembre noir, groupe terroriste palestinien, prend en otage et exécute onze membres de l'équipe israélienne. Ce drame en plein déroulement des Jeux olympiques est à l'origine de la création de groupes d'intervention à travers le monde tels que le GSG 9 allemand ou le GIGN français.

Depuis, la volonté de garantir la neutralité des athlètes dans les grandes compétitions internationales a très peu évolué. Le CIO confirmait l'importance de la règle 50.2 sans que cette mesure réglementaire suffise à annihiler les tentatives d'entrisme qui se multiplient dans le champ du sport.

Si l'on retient principalement les attaques des grands événements sportifs pour évoquer ce lien entre terrorisme et sport, il est plus rare de se pencher sur le rôle du sport, supposé ou non, dans la préparation des auteurs de ces attaques. Pourtant, l'analyse des attentats djihadistes perpétrés au cours de ces dernières décennies montre une forte présence de sportifs parmi les auteurs.

À titre d'exemple, en Europe, lors des attentats de Madrid en 2004, les auteurs auraient été recrutés dans les clubs de sport, et ce fut également le cas, un an plus tard, avec l'attentat de Londres[1]. En 2015, l'auteur de la double attaque de Copenhague est un pratiquant assidu de boxe thaïlandaise au sein d'un club visiblement communautarisé[2]. Dans l'année qui suit, la Belgique est également frappée de plein fouet par la dérive islamiste. Najim Laachraoui, membre du commando passé à l'acte à l'aéroport de Bruxelles, a été pratiquant de taekwondo sans exceller dans la discipline contrairement à son frère, devenu champion d'Europe. Au cours de la même année, un attentat contre le Vatican est déjoué par les carabiniers italiens. Un adepte de kickboxing, Abderrahim Moutaharrik, bénéficiant de la double nationalité suisse et marocaine

1. *Report of the official Account of the bombings in London on 7th July 2005, ordered by the House of Commons*, mai 2006, p. 15-16.

2. Voir https://www.marianne.net/monde/attentat-de-copenhague-qui-est-omar-el-hussein.

et champion de Suisse dans la discipline en 2013 et 2014, envisageait de mener plusieurs actions armées en Italie. En se présentant sur le ring, juste avant les combats, la poitrine recouverte du drapeau de Daech[1], l'affichage de son engagement était évident.

En juin 2017, à Londres, Khuram Butt est l'un des assaillants du commando affilié à Daech. Selon *The Telegraph*, Butt était un supporter de football qui pratiquait le kickboxing et fréquentait une salle de musculation réservée aux musulmans, le *Ummah Fitness Centre*. Au cours de la même année, c'est l'Espagne qui est à son tour durement touchée par un attentat sur l'avenue la plus touristique de Barcelone. Plusieurs terroristes semblaient pratiquer le futsal (football en salle), la boxe ou le judo. La plupart d'entre eux se connaissaient depuis le lycée et s'entraînaient dans le même club de football.

L'étude de ces profils met en lumière plusieurs facteurs qu'il est nécessaire de contextualiser. Le premier d'entre eux est lié au lieu de la pratique sportive et à la communautarisation religieuse et idéologique au sein de cet espace de socialisation. La plupart des auteurs s'entraînaient dans des clubs de sport et il conviendra de s'interroger sur le fonctionnement de ces structures et le rôle des éducateurs sportifs qui y exercent. Ces réflexions sont au cœur de mon travail d'enquête et je proposerai des grilles de lecture des actions de ces professionnels de l'entraînement.

1. Voir https://ledesk.ma/2016/04/29/lhistoire-de-la-cellule-jihadiste-marocaine-qui-voulait-terroriser-litalie.

DÉTOURNER L'UNIVERSALISME DU SPORT

Si le sport apparaît comme une composante du profil des terroristes internationaux, rien ne permet d'affirmer qu'il a joué un rôle en tant que tel dans le fait de perpétrer des actes terroristes. Pourtant, l'analyse fait ressortir une forte propension à pratiquer des sports dits « utilitaires », visant à renforcer une efficacité opérationnelle.

Ce qu'il faut observer n'est pas tant la discipline sportive, mais bien la finalité qu'elle permet d'atteindre. Le sport est un formidable outil de préparation qui permet de développer des compétences physiques et psychologiques indéniables. La propagande djihadiste l'a parfaitement intégré et n'est pas avare depuis plusieurs années de conseils aux futurs affidés des groupes terroristes islamistes dans sa version « How can I train myself for Jihad[1] ».

Dans ce texte, que vous pouvez consulter dans sa version intégrale en anglais ou en français, toutes les dimensions de la préparation militaire au sens du djihad sont abordées, comme le montre son chapitre 4.

1. « Comment puis-je m'entraîner pour le djihad ? » Voir l'article en ligne du Desk : https://archive.org/stream/How_can_I_train_myself_for_Jihad/How_can_I_train_myself_for_Jihad_djvu.txt.

4.0 Formation dans votre pays de résidence

4.1 Entraînement physique

La base de toute formation au djihad est quelque chose qui peut être fait dans tous les pays du monde : l'entraînement physique. Cela nécessite peu ou pas d'équipement et est quelque chose que l'on peut adapter à sa routine quotidienne.

L'entraînement en force peut être entrepris sous la forme de pompes, de « squats », d'abdominaux « crunchs », etc., ou en suivant un routage régulier en musculation à un gymnase. Il vaut mieux aller à la gym avec un autre frère si possible, ou y aller à une époque où il y a le moins de femmes possible. Les gymnases publics sont des lieux généralement non islamiques avec de la musique forte. Une telle atmosphère ne convient pas à la formation d'un moudjahid. Pratiquer les arts martiaux est la meilleure façon de développer la vitesse et l'agilité.

4.2 Arts martiaux

Il est essentiel de rejoindre un club d'arts martiaux dans le cadre de la formation pour le djihad. En plus de vous apprendre à vous défendre et à renforcer votre corps, les arts martiaux développent l'autodiscipline et l'agressivité contrôlée. Dans certains pays, il existe des arts martiaux dirigés par des instructeurs musulmans, mais on peut rejoindre d'autres clubs s'il n'y a pas de clubs musulmans dans sa région. Vous n'utiliseriez jamais de coups de pied hauts dans un vrai combat mais vous pouvez dans les tournois. Comme pour toute activité, une présence régulière pendant plusieurs mois est nécessaire pour bénéficier des arts martiaux.

La stratégie islamiste est pensée en mobilisant l'ensemble des paramètres de l'entraînement des combattants. La place des activités physiques et sportives est au cœur des préoccupations djihadistes, à l'instar des armées légales internationales. Le sport est un formidable outil pour développer la cohésion au sein du groupe tout en permettant le développement des capacités physiques et psychologiques des individus.

Ce faisant, les stratèges islamistes agissent par mimétisme des armées qu'ils pensent et souhaitent combattre. Seule forme d'innovation, si l'on peut s'exprimer ainsi, la préparation au sein de camps d'entraînement dédiés n'est plus priorisée pour les affidés qui sont invités à se rendre dans des clubs sportifs existants. Par cette délocalisation, ils peuvent préparer le corps et l'esprit sans perdre de vue l'objectif final, à savoir servir le djihad.

Ainsi, nous devons tenter d'évaluer si cette menace est réelle au sein des clubs sportifs implantés au sein de l'Hexagone.

Chapitre 3

Islamisme et sports en France

Depuis quelques années en France, les débats sur le sujet sont nombreux, parfois houleux, et pourtant nécessaires. Il est important de tenter de comprendre à quoi nous sommes réellement confrontés. L'analyse des forces de sécurité intérieure et les travaux universitaires nous permettront de mieux considérer cette menace potentielle.

L'ANALYSE DES FORCES DE SÉCURITÉ INTÉRIEURE

Aussi surprenant que cela puisse paraître, le vrai *turning point* de ce sujet a été la fuite d'un document confidentiel du Service central du renseignement territorial (SCRT).

Cette note intitulée « Le sport vecteur de communautarisme voire de radicalisme » est rédigée le 27 juillet 2015 avant d'être révélée partiellement par les médias en octobre de la même année. Les spécialistes du renseignement affirment en préambule que « la présence dans les clubs sportifs de salafistes et autres radicaux, dont les canons de la pratique religieuse les contraignent à ne s'adonner à aucun sport, interroge sur les ressorts profonds de ce subit engouement pour les salles de musculation ou les rings de boxe », avant de conclure que « l'engagement des fondamentalistes dans ce domaine autrefois jugé impur [le sport] parce que s'écartant des canons de l'intégrisme musulman, est maintenant devenu un espace potentiel de recrutement, et, parallèlement, l'engouement que suscite la pratique des sports de combat par les individus radicalisés, autrefois uniquement centrés sur la lecture orthodoxe du Coran et sa propagation, constitue sans nul doute autant de sources d'interrogation quant à la finalité intrinsèque de ces démarches individuelles et collectives ».

Pour illustrer leurs analyses, les agents listent des situations qui ne laissent planer aucun doute quant à l'entrisme religieux au sein des clubs. Qu'il s'agisse du recrutement au sein de ce club de sports de combat du centre de la France uniquement réservé aux coreligionnaires ou encore le président d'un club de football de l'est de la France qui dirigeait lui-même les prières d'un groupe de salafistes dans les vestiaires, le constat est clair. Les femmes ne sont pas plus épargnées par ces déviances. À titre d'exemple, les agents du Nord s'interrogent sur le fonctionnement d'un club d'art martial coréen strictement réservé aux femmes portant le hijab et s'entraînant à des horaires réservés.

Cette note met en évidence deux aspects liés à l'islamisme dans le sport. Le premier est l'étendue du phénomène, qui touche l'ensemble du territoire, alors que de nombreux observateurs pensaient qu'il restait confiné aux seuls quartiers sensibles des grandes villes. Le second est lié au cercle des familles des disciplines mises en cause, qui semble relativement restreint.

Dans une autre production datée du 5 avril 2017 intitulée « Le communautarisme islamique dans le sport », et non communiquée au public, les agents du même service indiquent que « les deux disciplines les plus affectées par cette montée du communautarisme sont le football (et son dérivé le futsal) et les sports de combat ». Les rédacteurs montrent comment les pratiques et les revendications liées à l'islam perturbent les clubs de football ou comment les clubs deviennent des lieux de conversion. Après une énumération de ces situations liées aux clubs affiliés à la FFF, les problématiques attachées aux sports de combat sont contextualisées. On peut y lire par exemple qu'un club de *mixed martial arts* (MMA) du sud de la France programme « les entraînements en fonction du calendrier islamique ».

Ces deux notes en « diffusion restreinte » montrent l'activité de ce service de renseignement qui observe, sur le terrain et dans la durée, les évolutions de l'immixtion de l'islam radical au sein des clubs sportifs et plus particulièrement dans le football, les sports de combat et la musculation.

Lors de mes recherches, j'ai pu échanger avec différentes autorités chargées de ces questions. Dans le cadre d'un entretien avec le préfet Olivier de Mazières, en 2017, alors chef de l'État-major opérationnel de prévention du terrorisme (EMOPT[1]), il me précisait que « le sport a été signalé d'emblée [2015] par des services comme la sécurité intérieure ou le renseignement territorial, comme étant un facteur aggravant du risque de radicalisation. Et c'est dans ce cadre-là que nous l'avons pris en compte dans le fichier de signalement que nous utilisons [FSPRT] ». Un an plus tard, alors que j'interroge dans le cadre mes recherches le général de brigade, commandant de la sous-direction de l'anticipation opérationnelle (SDAO[2]) de la gendarmerie nationale depuis 2017, il me confirme la prise en compte du facteur « sport » dans le cadre du fichier de suivi :

> Aujourd'hui, nous pouvons dire que sur l'ensemble des personnes suivies dans le cadre de la radicalisation islamiste, 12,5 % sont connues pour pratiquer une activité physique et sportive. Nous retrouvons trois familles d'activités telles que les sports collectifs, en particulier le football, les sports de combat, notamment les boxes, et la musculation en salle. Nous observons, de la part des personnes radicalisées que nous suivons, une attractivité pour les formes de boxe en particulier, ainsi que la lutte et le MMA.

Cette approche statistique nous indique que le facteur sport a été très rapidement pris en compte par le renseignement. Ces données chiffrées sont au

1. Unité qui a fusionné avec l'UCLAT en 2018.
2. Service de renseignement de la gendarmerie nationale.

cœur de controverses institutionnelles, journalistiques et universitaires.

Pourtant, dans une note d'analyse de novembre 2017 classée « confidentiel défense » de l'Unité de coordination de la lutte antiterroriste (UCLAT), les agents s'interrogent sur le rôle du sport dans la « radicalisation »[1]. Les rédacteurs de ce service précisent en préambule que « certaines structures et associations sportives semblent en effet avoir basculé sous le contrôle de militants salafistes prompts à porter atteinte au principe de neutralité lié à la pratique sportive ». Dans ce document, l'UCLAT souligne aussi l'hybridation des parcours en citant l'exemple d'un « délinquant notoire, hospitalisé en milieu psychiatrique à deux reprises, Hassan[2], [qui] s'est radicalisé à l'occasion d'entraînements sportifs, notamment de boxe, au contact de sportifs qui faisaient la prière avant l'entraînement ».

Les spécialistes de la lutte antiterroriste ne se limitent pas à lister les situations, ils cherchent à répertorier et quantifier les sports pratiqués par les personnes radicalisées enregistrées au FSPRT. Contrairement aux propos lénifiants du ministère des Sports, la cartographie des disciplines concernées et le nombre d'individus impliqués sont bien réels comme ce schéma le démontre :

1. UCLAT, « Le sport, nouveau terrain de jeu de la radicalisation ? », novembre 2017.
2. Le prénom a été modifié.

Répartition des sports pratiqués par les individus radicalisés

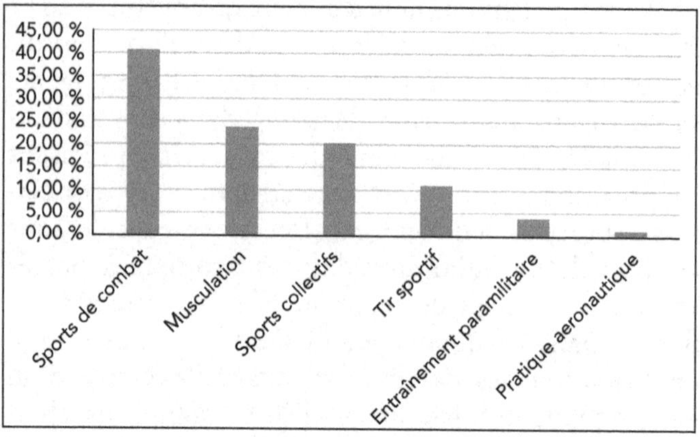

La mise en lumière de ces données fait écho aux propos de Loïc Garnier, chef de l'UCLAT, lors du colloque de novembre 2017 intitulé « Sport et radicalisation », organisé par le conseil régional d'Île-de-France à l'intention du mouvement sportif francilien. En évoquant avec une transparence inhabituelle ces statistiques, il espérait visiblement ouvrir une voie intelligible de coopération intersectorielle avec les acteurs du sport.

Pourtant, une partie des institutionnels du secteur a crié à l'amalgame et à la stigmatisation. Cette posture protectionniste est un nouveau point aveugle à une démarche collégiale de prévention de l'islamisme. Si des voix dissonantes se font entendre, quitte à parler d'invisibilité du phénomène dans le sport, les forces de sécurité intérieure enfoncent le clou. Dans un nouveau colloque organisé le 27 juin 2022, sous l'impulsion de Patrick Karam, vice-président de la région

Île-de-France, le représentant de l'UCLAT précisait à l'assemblée que le FSPRT comportait 13 % d'individus suivis liés aux sports dans le cadre de ce fichier. Le niveau de personnes inscrites par l'entrée sport reste stable ces dernières années.

Si le suivi du sport semble être un axe de travail conséquent des services de renseignement français, il a pour objectif « d'accumuler le maximum de connaissances sur les milieux dans lesquels pouvaient se forger des projets terroristes locaux[1] », comme l'explique Jérôme Ferret, sociologue et spécialiste des questions de sécurité. Au regard de leurs analyses, les sports de combat bénéficient d'une attention particulière sans que l'on puisse déterminer si des disciplines sont plus ciblées que d'autres.

Cette activité conséquente des différents services de renseignement met toutefois en évidence la fragilité de certains facteurs d'analyse. J'observe une logique de tâtonnement, dans un secteur mal maîtrisé, plus qu'une stratégie coordonnée des services pour mieux comprendre le rôle du sport dans les profils suivis. Je n'ai pas perçu, dans les documents consultés, de différenciations structurelles du sport. Celui-ci est appréhendé en termes génériques sans distinguer le sport institué, non institué, professionnel, associatif ou encore communal. Ce point aveugle est important puisque l'application, ou pas, des normes prescriptives (règle 50.2 de la Charte olympique, statut et règlement sportif des fédérations par exemple), diffère en fonction de l'environnement de la structure.

1. Jérôme Ferret, *Crise sociale, question nationale et violence dans les sociétés contemporaines occidentales*, *op. cit.*

De même, les sports de combat sont abordés au sens global, et parfois réducteur, sans que l'origine de ces disciplines soit explicitée alors qu'elle pourrait, me semble-t-il, éclairer les acteurs du renseignement français dans leurs analyses. Par ailleurs, les notes ne laissent apparaître aucune référence de leurs homologues étrangers alors que ce marqueur sportif n'est pas strictement limité à notre territoire, comme je l'ai expliqué précédemment. Ainsi, le sport est analysé comme un tout, homogène et indissociable, sans jamais mobiliser les différenciations structurelles, techniques, historiques ou sociales. Ce raccourci peut conduire à une analyse stigmatisante d'un secteur et à une opposition, de fait, des acteurs concernés. Le regard policier se concentre principalement sur le club et la discipline sans vraiment aborder le rôle des éducateurs ou des dirigeants dans cette forme d'engagement contraire aux principes républicains et parfois même à la loi.

LA CONTROVERSE UNIVERSITAIRE

Presque inexistante dans les publications universitaires avant 1999, cette thématique connaît, selon Benjamin Ducol[1], une augmentation considérable de

1. Benjamin Ducol, « La "radicalisation" comme modèle explicatif de l'engagement clandestin violent : contours et limites d'un paradigme théorique », *Politea*, 2015, n° 28.

production académique depuis 2006. La « radicalisation[1] » est un terme aux contours complexes qui alimente de nombreuses controverses et qui mérite que l'on observe les différentes postures proposées par la littérature scientifique.

Un article de Caroline Guibet Lafaye et Ami-Jacques Rapin montre que cette terminologie est utilisée, depuis le milieu du siècle dernier, dans l'étude des mouvements syndicaux notamment. Les mêmes auteurs précisent que « la première association directe de la radicalisation à l'islam intervient dans une tribune de Bachir Gemayel publiée au début de l'année 1979, mentionnant la radicalisation en cours de l'islam[2] ». Dès 1987, l'ouvrage de Bruno Étienne *L'Islamisme radical* montre que les islamistes radicaux tentent de diffuser une idéologie politique et religieuse opposée aux valeurs occidentales. Le point de bascule lié à l'utilisation du terme « radicalisation » apparaît en 2004 selon Guibet Lafaye et Rapin. L'usage du mot est désormais associé aux actes individuels alors qu'il était plus couramment utilisé aux actions de groupe auparavant. Ainsi, nous partageons l'analyse de ces auteurs précisant que « l'évolution sémantique individualisante du terme radicalisation, à distance de son usage terminologique initial dans les sciences sociales, s'accompagne de l'effacement de sa précision conceptuelle ».

Alors que la vision du sport est souvent orientée sur l'inclusion, l'intégration ou les performances sportives,

1. Terme qui englobe la plupart des thèmes liés à l'islamisme.

2. Caroline Guibet Lafaye, Ami-Jacques Rapin, « La "radicalisation" : individualisation et dépolitisation d'une notion », *Politiques de communication*, 2017, n° 8.

de nombreux travaux scientifiques nous invitent à la prudence au regard de certains parcours terroristes. Scott Atran, dans ses travaux sur le terrorisme islamiste, nous précise que « les candidats au martyre se réunissent d'abord et font connaissance par le biais de pratiques sportives : football, paintball, escalade, arts martiaux, bodybuilding [...]. Il s'agit le plus souvent de petits groupes d'amis qui se sont radicalisés ensemble ». Si cette analyse renforce le postulat que le club de sport est un espace de socialisation, elle doit nous interroger sur sa capacité à devenir un potentiel incubateur criminogène.

Cette réflexion, que beaucoup pourraient considérer comme exagérée, s'est toutefois vérifiée lors des attentats de Londres[1] en 2005, ou lorsque le Hamas a décidé de créer une équipe de football dans laquelle il a recruté et formé ses premiers kamikazes[2]. Dans ce cadre, l'organisation terroriste a utilisé la structure sportive et la discipline enseignée pour élaborer une stratégie de recrutement de kamikazes. Cela nous démontre, une nouvelle fois, la limite du concept d'intégration par le sport, pour lequel nous avons également souligné la porosité face aux dérives criminogènes comme les trafics, les paris truqués et le dopage.

Le sport semblerait donc jouer un rôle dans le processus de radicalisation, mais encore faudrait-il différencier la pratique de la structure. Bien que les travaux de Scott Atran fassent référence en la matière, il semble

1. Marc Hecker, « Al Qaïda, mort et transfiguration », *Études*, 2007, vol. 407, n° 11.

2. Gérald Bronner, *La Pensée extrême...*, *op. cit.*

important d'étudier à nouveaux frais le phénomène qui paraît s'être renforcé au regard de récentes publications pointant le fait que le rôle de la structure sportive a été prépondérant dans l'orientation criminelle des sujets.

Les expériences du Hamas ont été reprises par de nombreux groupes terroristes puisque le politologue Olivier Roy considère que « le club sport de combat est plus important que la mosquée dans la socialisation djihadiste[1] ». Pour en arriver à cette conclusion, le scientifique s'appuie sur un groupe de Portugais convertis vivant à Londres, qui se sont regroupés et entraînés dans un club de boxe thaï avant de rejoindre Daech. Dans leurs ouvrages respectifs publiés en 2020, le politologue Bernard Rougier[2] et le docteur en sciences politiques Hugo Micheron[3] mettent également en évidence des connexions entre les clubs sportifs et le microcosme djihadiste hexagonal. Cette succession de travaux universitaires laisse apparaître le rôle déviant de la structure sans toutefois préciser l'impact de la gouvernance et de l'éducateur dans ce cheminement terroriste.

Mais si la structure peut s'avérer incubatrice de cette dérive, la pratique sportive ne doit pas être idéologisée dans sa forme coubertinienne. Des recherches récentes[4] soulignent que « dix des treize djihadistes

1. Olivier Roy, *Le Djihad et la Mort*, Paris, Seuil, 2016.

2. Bernard Rougier (dir.), *Les Territoires conquis de l'islamisme*, Paris, Puf, 2021.

3. Hugo Micheron, *Le Jihadisme français. Quartiers, Syrie, prisons*, Paris, Gallimard, 2020.

4. Xavier Crettiez, Romain Sèze (dir.), *Saisir les mécanismes de la radicalisation violente : pour une analyse processuelle et*

interrogés ont pratiqué des activités viriles (sports de combat dans huit des cas et musculation dans deux autres cas), les préparant à la confrontation physique ». Cette analyse n'est pas sans rappeler un rapport[1] du Conseil de l'Europe indiquant que « les sports de combat, le futsal et la musculation faisaient partie des pratiques les plus impactées dans l'enrôlement par des extrémistes ». Ainsi, un ciblage des activités physiques serait également possible pour mieux cerner les risques au sein du mouvement sportif.

Sur la probable connivence entre l'islamisme et les sports de combat, les travaux fondateurs de Youcef Fates[2] nous montrent par ailleurs comment les islamistes algériens ont utilisé le sport pour endoctriner et recruter des fanatiques amenés à perpétrer des attentats au nom de l'extrémisme religieux.

Sur le territoire national, les enquêtes sociologiques émergent avec des approches et des résultats divergents. Bernard Rougier, dans une longue enquête de terrain au sein des quartiers français, affirme que « les salles de sports – le club de boxe en particulier – et les terrains de football sont propices à l'exercice d'une prédication », et il partage ainsi les analyses de Youcef Fates qui estime que le sport serait « à la fois terrain

biographique des engagements violents, rapport de recherche pour la Mission de recherche droit et justice, avril 2017.

1. Carine Bloch, « Respect des droits de l'homme, discrimination et extrémisme : nouveaux défis à l'éthique sportive », *in* D. Bodin, G. Sempé (dir.), *Éthique et sport en Europe*, Conseil de l'Europe, hors collection, p. 139-149.

2. Youcef Fates, « L'islamisme algérien et le sport : entre rhétorique et action », *Confluences Méditerranée*, 2004, n° 50, p. 79-92.

d'interdits religieux, champ d'embrigadement et de socialisation des jeunes ».

Les auteurs d'un article publié récemment évoquent « des signes de religiosité clairement repérables » sur les terrains de football, mais sans conclure que ces ostentations conduisent à la radicalité des sportifs concernés[1]. Au contraire, ces sociologues affirment que « la perception des signes de religiosité ou d'appartenance communautaire, leur interprétation et leur désignation comme problème "à surveiller et à punir" forment à la fois les éléments constitutifs et les leviers d'une stigmatisation associée à une radicalité fantasmée, jamais objectivement observée mais faisant l'objet de croyances et de commérages tenaces ». Si je réfute, comme ces scientifiques, la notion d'automaticité du processus ostentation religieuse-radicalisation, il me paraît aventureux d'écarter, de fait, que de tels liens puissent apparaître dans le champ sportif, comme l'ont démontré d'autres travaux préalablement cités.

L'interrogation sur la place de l'islamisme dans le secteur du sport en France concerne plus particulièrement certaines disciplines sportives, dont notamment les activités de combat. D'autres travaux scientifiques montrent également que le « football est mis au service de l'islam[2] » et que, selon le sociologue William

1. Loïc Sallé, Jean Bréhon, « La radicalisation dans le sport au prisme de la sociologie de Norbert Elias : des commérages aux logiques de l'exclusion » *STAPS*, 2020, 2 (128), p. 61-79.

2. Pierre Weiss, *La fabrication du regroupement sportif communautaire. Enquête sociologique sur les clubs de football « turcs » en France et en Allemagne*, thèse de doctorat en sociologie et en sciences du sport, Université de Strasbourg, 2012.

Gasparini, les clubs « de football ou de combat affiliés aux fédérations [...] sont néanmoins confrontés depuis quelques années à de nouvelles revendications d'ordre religieux (par exemple, port du bermuda sous la douche, prière dans les vestiaires, demande de repas hallal...)[1] ».

1. Voir https://theconversation.com/pourquoi-le-sport-est-devenu-une-cible-pour-les-islamistes-148817.

Chapitre 4

Le terrain ne triche jamais

Pour tenter de repérer et de comprendre ces situations déviantes, il est nécessaire d'aller sur les terrains, ceux de sport, mais aussi ceux plus feutrés des institutions sportives et du monde du renseignement, sans oublier celui des politiques.

Si tout le monde à un avis sur le sujet et souhaite le faire savoir, il existe très peu d'études en lien réel avec le terrain. Andrew Silke[1] affirme dès 2008 que 65 % des articles actuels seraient des critiques d'autres publications et que 1 % des productions s'appuierait sur des entretiens, mais sans aucune enquête avec des djihadistes. Même si, depuis cette date, la bibliographie s'est enrichie, Laurent Bonelli et Fabien Carrié rappelaient en 2018 que « 80 % des recherches se fondent sur des matériaux de seconde main (ouvrages, revues, presse) et que seules 20 % d'entre elles apportent des connaissances nouvelles[2] ».

1. Andrew Silke, « Holy warriors : Exploring the psychological processes of jihadi radicalisation », *European Journal of Criminology*, 2008, 5 (1), p. 99-123.

2. Laurent Bonelli, Fabien Carrié, « Radicalité engagée, radicalisées révoltées », rapport pour le ministère de la Justice, mars 2018.

Les terrains de sport ont leurs propres codes et la première difficulté réside dans l'appropriation de ceux-ci. Ma connaissance des sports les plus ciblés est un atout indéniable pour éviter l'amalgame et la stigmatisation qui peuvent être générés par la méconnaissance des structures (associatives et professionnelles), des disciplines (sports de combat, football et musculation) et des éducateurs sportifs (bénévoles et professionnels). Tous les travaux traitant de cette thématique et qui ne passent pas par le tamis des différentes dimensions du terrain relèvent de la spéculation scientifique avec les limites interprétatives et opérationnelles qui vont avec. S'il ne s'agit pas de se désintéresser des productions rédigées par des esprits le plus souvent brillants, il demeure important de conserver une certaine réserve tant les situations dans les clubs évoluent rapidement.

Dans la très grande majorité des cas, la porte d'entrée liée à l'analyse s'attache à évaluer le fait religieux et à le légitimer ou non dans le cadre de la réglementation en vigueur. Deux postures s'opposent sur le terrain, celle qui justifie que l'expression de la religiosité ait toute sa place dans la pratique et celle qui affirme que la neutralité est la seule ligne viable pour que le sport puisse conserver sa dimension universaliste. Cette dichotomie dans l'observation initiale radicalise inévitablement les postures et les interprétations qui en découlent. Travailler sur le sujet impose de faire un choix et celui que j'ai opéré est similaire à celui des forces de sécurité intérieure afin de pouvoir comparer éventuellement mes observations avec les leurs dans les notes que j'ai pu consulter.

Dès que des problèmes surviennent dans le monde de l'éducation ou du sport, les institutions invoquent « l'atteinte à la laïcité » pour catégoriser la situation. La laïcité est un pilier fondamental de notre république qu'il est nécessaire de protéger puisqu'elle garantit notamment la liberté de croire ou de ne pas croire. Henri Pena-Ruiz nous rappelle que « la laïcité n'est neutralité et réserve qu'en raison de l'esprit de concorde principielle qui la définit positivement : la visée de ce qui peut unir les hommes en amont de leur différenciation spirituelle conduit à exclure *a priori* tout type de privilège, et prévient ainsi la violence qui pourrait en résulter[1] ».

Pourtant, il me semble plus judicieux de parler d'« atteinte à la neutralité » car qu'il s'agisse de l'école ou du sport, ce sont les lois et les règlements qui imposent un espace de neutralité qu'il est nécessaire de respecter. Or, cette transgression à la neutralité est marquée par la pluralité des actions qui sont loin d'avoir toutes le même niveau de menace pour la société. Aborder le phénomène par un prisme globalisant nous indique déjà une forme d'incompréhension du risque que cela représente ou une volonté de le minimiser.

Prenons appui sur ce point de départ conceptuel pour identifier et graduer les différentes atteintes à la neutralité que l'on peut repérer au sein des clubs sportifs. Dans le cadre de mes enquêtes de terrain et de mes différentes interventions dans les départements français, j'ai constaté cinq formes de déviances, que l'on peut classer et graduer de la manière suivante :

1. Henri Pena-Ruiz, *Qu'est-ce que la laïcité ?*, Paris, Gallimard, 2003.

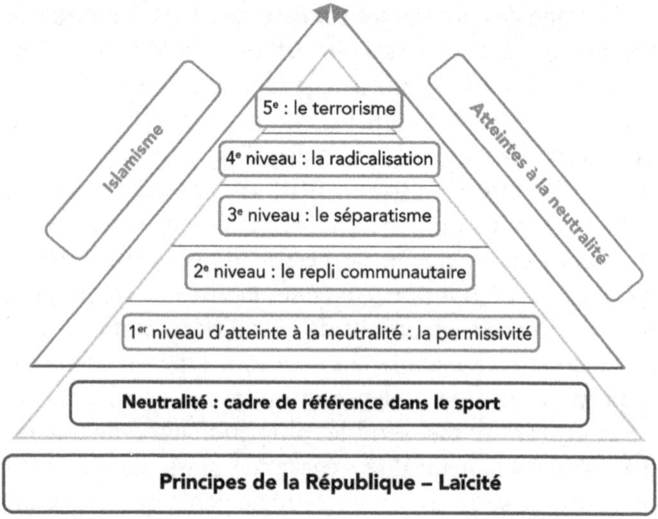

Cinq niveaux de déviance, au sens de la transgression de la règle acceptée au sein du groupe, sont susceptibles de venir perturber le fonctionnement des clubs : la permissivité, suivie du repli communautaire, puis du séparatisme et de la radicalisation jusqu'à l'étape ultime du terrorisme.

Cependant, il est nécessaire de différencier deux grands ensembles, le sport institué et le sport non institué. Le premier comprend l'ensemble des fédérations agréées ou délégataires, ainsi que leurs organes déconcentrés et leurs clubs affiliés, qui est soumis aux règles de neutralité. Le sport non institué, donc non affilié au mouvement sportif, est dispensé de ces mêmes règles. Le repérage des atteintes à la neutralité doit prendre en compte la complexité structurelle du sport en France.

Si toutes ces transgressions ne sont pas appréhendées de la même manière par la justice française, il est utile de rappeler que le séparatisme et le terrorisme sont encadrés par des dispositions pénales et criminelles. La radicalité n'étant pas illégale, des dirigeants et des éducateurs peuvent exercer, comme nous allons le voir, une activité auprès des jeunes malgré la menace qu'ils sont susceptibles de représenter pour la sécurité nationale. La permissivité religieuse, quant à elle, est le premier niveau de l'entorse au contrat républicain et parfois le commencement d'un cheminement déviant.

LA PERMISSIVITÉ RELIGIEUSE : UNE IMBRICATION DE MOTIVATIONS PLURIELLES

La règle 50.2 de la Charte olympique et la plupart des règlements fédéraux rappellent l'importance de la neutralité religieuse. Si de nombreux acteurs du sport font respecter les principes coubertiniens, plusieurs alertes apparaissent dans le débat public. Lors de nos observations au sein des clubs, nous avons notamment repéré des prières plus ou moins discrètes, ainsi qu'un refus de la mixité ou un regroupement entre coreligionnaires durant les entraînements.

Dans le cadre de notre enquête auprès de trois districts de football, les propos des licenciés, quels que soient leurs statuts, sont explicites. La permissivité cultuelle au sein des clubs est avérée tout en étant contraire aux statuts et règlements de la FFF. Pour ne citer que quelques exemples du rapport de Sport Prevent, on peut y lire que, selon un bénévole, « les prières dans les vestiaires, c'est courant et c'est admis. Il y a un deuxième vestiaire à côté de celui que nous utilisons qui est libre. Il y a ainsi tout le temps une salle disponible ». Selon un autre acteur du football, cette situation est « devenue une habitude. Les gens de confession musulmane font leur prière. Cela ne nous dérange pas. On respecte leur religion. Ils font leur prière dans le vestiaire, dans la buvette ou dans un lieu fermé ». Un éducateur nous a même indiqué que « deux joueurs sur trois sont capables de s'arrêter en plein entraînement pour faire la prière ».

Ces exemples de permissivité religieuse dans le football résultent de plusieurs facteurs. Le premier est l'exercice d'une démonstration religieuse organisée au sein des clubs afin de tester les réactions de l'encadrement. Dès l'apparition du phénomène, les dirigeants sont confrontés à la prise de décision. Les réactions sont diverses et peuvent prendre différentes formes. La première est la stricte application de la réglementation en vigueur. Le comité directeur de la Fédération française de Rugby à XIII a été victime d'une tentative d'entrisme au sein de l'équipe de France féminine. Le communiqué officiel de cette instance du 26 mai 2021, très explicite et exemplaire, indique qu'elle ne souhaite pas céder aux tentatives d'entrisme religieux :

> Fédération sportive délégataire exerçant des missions de service public, la Fédération française de Rugby à XIII réaffirme son total engagement envers les principes et

valeurs de la République, le principe de neutralité inhérent à toute pratique sportive et entend se conformer autant à l'esprit qu'à la lettre des textes en vigueur.
Ainsi, d'une part, en s'inspirant du principe de neutralité énoncé à l'article 50.2 de la Charte olympique, les lieux de pratiques de rugby à XIII ne sauraient être le théâtre de démonstration ou de propagande politique, religieuse ou raciale. Suivant d'autre part, les termes de la charte d'éthique et de déontologie du CNOSF, tout acteur participant à une manifestation sportive ne peut être victime de discrimination en relation avec le sexe et le genre, l'apparence ou les capacités physiques, la condition sociale, les préférences et orientations sexuelles, ainsi qu'avec les convictions religieuses, philosophiques ou politiques.
Pour rappel, la discrimination est définie comme étant le traitement inégal et défavorable appliqué à certaines personnes en raison d'un critère prohibé par la loi, à savoir la race, l'origine, la langue, le nom, le sexe, l'apparence physique, l'appartenance à un mouvement philosophique, syndical, politique ou religieux.
Pour ces raisons, son comité directeur réuni le 26 mai 2021 a entendu clairement rappeler ces principes cardinaux et leur nécessaire application s'agissant des lieux de pratique du rugby à XIII ou de ses pratiques aménagées, qui ne sauraient en aucun cas fournir prétexte aussi bien aux manifestations politiques, par affichage ou propos, qu'aux expressions religieuses par port d'accessoire ou de tout signe ostentatoire. De même, toute stigmatisation tenant aux inégalités socioculturelles, attitudes et propos racistes ou xénophobes ne saurait être admise dans le cadre d'une activité sportive à l'opposé de tels comportements[1].

1. Conseil des sages de la laïcité, *Liberté d'expression, neutralité et laïcité dans le champ des activités physiques et sportives*, Ministère de l'Éducation nationale, de la Jeunesse et des Sports, mars 2022.

Pour montrer la diversité des disciplines sportives qui font face à ces tentatives d'entrisme, le texto[1] reçu par un éducateur d'arts martiaux, que nous proposons dans sa forme originelle, est également très intéressant :

> Bonjour,
> Merci pour vos messages.
> Je souhaiterais vous parler d'une chose assez délicate...
> J'espère que nous pourrons échanger dans le respect et la tolérance. Mon fils Ismaël ainsi que son père ont beaucoup apprécié le premier cours d'aïkido. Nous adhérons totalement aux valeurs de ce sport. Or, je suis gênée par la salutation d'ouverture. Je parle de la prosternation. En effet, en tant que musulmans pratiquants, nos prosternations sont totalement dévouées à Dieu. Élevant mon fils en ce sens je crains que cela vienne perturber son apprentissage religieux. C'est pourquoi je vous demande s'il est possible qu'il s'assoie en tailleur avec ses camarades de sport mais sans poser sa tête sur le sol.
> En aucun cas cela doit être vécu comme un manque de respect à l'encontre des fondateurs de cette discipline.
> Dans l'attente d'une réponse (sans animosité...)

Cet exemple montre comment le salut au maître est, volontairement ou non, amalgamé avec la prosternation religieuse. L'éducateur se trouve ainsi dans une position inconfortable pour prendre sa décision. En refusant de laisser ces deux adhérents déroger au salut, il n'a pas transigé avec les règles de cet art martial japonais et les principes républicains. Le papa et son fils ne sont pas revenus au club.

1. Reçu par un éducateur le 14 septembre 2021.

Cet amalgame entretenu autour du salut au maître n'est pas un cas isolé. Lors d'une formation, je suis interpellé par un professeur de karaté du centre de la France. Il me décrit une situation analogue qui date de 2006 et il tient le même discours que l'éducateur d'aïkido.

Seulement, le jeune karatéka qui refuse de saluer le maître maintient que c'est une interdiction religieuse, comme le lui a indiqué son imam. Le professeur saisit l'Institut musulman de la Grande Mosquée de Paris pour obtenir un éclairage théologique. Dans son courrier, le recteur Dalil Boubakeur répond sans aucune ambiguïté :

> Le salut au début et en fin de cours ne peut en aucun cas être confondu avec le salut proprement religieux de l'islam. Si l'un de vos élèves refuse donc de saluer, cela n'a rien à voir avec la religion musulmane[1].

Le professeur a pu montrer ce courrier à son élève qui lui a rétorqué que l'imam de sa mosquée maintenait qu'il ne fallait pas faire le salut durant les cours de karaté. L'élève a depuis quitté le club puisque son entraîneur a maintenu sa position républicaine.

La salle de sport n'est pas un lieu d'apprentissage de la religion, mais un espace de pratique et d'éducabilité républicaines. Il faut donc sans cesse rappeler ce cadre aux pratiquants qui foulent les terrains de sport. C'est sur le respect de ces principes que Youcef[2], professeur de boxe thaïlandaise dans un club installé au cœur d'un quartier sensible francilien, a dû

1. Courrier n° 115/IMMP/rectorat 06 du 16 février 2006.

2. Le prénom a été modifié. Entretien réalisé dans le cadre de mon doctorat.

intervenir. Il cherchait un de ses licenciés qu'il avait perdu de vue durant son cours :

> J'ouvre le vestiaire pour voir s'il est parti boire et je vois le tapis au sol, il est en train de prier. Je n'ai pas voulu le couper, je l'ai laissé finir, je suis sorti, je l'ai attendu et je lui ai dit : « Écoute, je t'explique, ici, c'est un vestiaire [...] les prières tu peux les décaler quand tu peux, quand tu rentres à la maison [...] c'est personnel, c'est toi et ta foi. Moi je ne veux pas de tapis ici, si tu souhaites respecter les horaires et que cela tombe pendant l'entraînement, ne vient pas à la salle ce jour-là. »

Le *nak muay*[1] a lui aussi quitté le club pour trouver une structure bienveillante envers ses préceptes religieux. Cette permissivité apparaît le plus souvent lorsqu'il y a un manque de volonté à faire appliquer la réglementation fédérale en vigueur. En invoquant la tolérance ou sa propre idéologie, l'encadrement du club déjuge ses propres instances au détriment des principes républicains.

Pour justifier cette permissivité, mes travaux mettent en évidence trois catégories différentes. La première regroupe les encadrants qui affirment n'attacher aucune importance à la neutralité religieuse, la seconde motive la permissivité par une nécessité économique et la troisième estime que la pratique religieuse au sein du club participe à la performance de l'athlète.

Pour certains éducateurs sportifs, n'attacher aucune importance à la religion, voire à la neutralité cultuelle dans le sport, pour justifier cette accessibilité

1. Pratiquant de boxe thaïlandaise.

à la pratique, est une forme de complaisance. Ayoub[1], entraîneur spécialisé dans les disciplines de combat qui alimente cette permissivité au sein des clubs affiliés où il exerce, explique que « le fait que dans certains quartiers les gens se retirent pour aller faire la prière à certaines heures, dans le fond tant qu'ils n'emmerdent personne, qu'ils s'en vont, qu'ils reviennent, ça ne le dérange pas ».

Ces situations peuvent parfois virer au chantage. Lorsque cet entraîneur de football féminin qui, lors d'un match dans le centre de la France, indique qu'une de ses joueuses porte le voile et qu'elle ne l'enlèvera pas pour jouer sinon toute l'équipe s'en va, il impose une transgression de la règle. Devant cette injonction contraire aux statuts et règlements de la fédération, l'arbitre et l'équipe adverse se plient à cette menace pour éviter de sanctionner l'ensemble de l'équipe. Pourtant, en agissant ainsi, les autorités sportives se montrent faibles sur l'application des lois du jeu. Si nous ne respectons plus les règles de notre société, comment pourrons-nous éduquer, par le sport, aux valeurs de la République ?

Cette permissivité apparaît comme la résultante de plusieurs facteurs au sein des clubs. Conscients que ces pratiques sont sources de conflits, les encadrants préfèrent les ignorer. Cette attitude conduit à s'interroger sur une forme de fragilité (par méconnaissance, complaisance ou par pusillanimité) des encadrants. L'environnement (lieu d'implantation du club), lorsqu'il est propice au prosélytisme idéologique et religieux, suscite une inquiétude à gérer les interactions

1. Entretien réalisé lors de mon cursus doctoral. Le prénom a été changé.

qui résulteraient d'une posture jugée moralisatrice par les sportifs.

La permissivité est aussi justifiée par les aspects économiques. Selon ce mode de justification, si l'encadrement ne tolérait pas cette religiosité, les adhérents souhaitant pratiquer leur culte au sein de la structure sportive pourraient rejoindre des clubs plus tolérants. Le modèle économique de l'association se retrouverait alors en difficulté, et tous les projets et salaires des encadrants d'être remis en question. Ainsi, on compose avec cette permissivité en espérant qu'elle ne prenne pas trop d'importance, comme l'ont souligné de nombreux interlocuteurs du mouvement sportif sur le terrain.

Sachant que le retour à la neutralité religieuse au sein du club implique la possibilité d'une perte d'adhérents, le désengagement des entraîneurs se justifie par cette seconde motivation. Ne pouvant se permettre de limiter les revenus du club, Justin[1] fait des compromis avec des requêtes qu'il juge pourtant « inappropriées » : « Ça m'agace, mais je ne peux rien faire sinon ils s'en vont[2]. » Dans une recherche perpétuelle d'équilibre financier, l'éducateur sportif est confronté à la nécessité de trouver des solutions.

Amir[3] est plus direct lorsqu'il évoque les besoins économiques de son club : « Dans nos quartiers, si on empêche les filles qui portent le voile de faire de la boxe, on n'a plus personne dans les clubs. Les adhésions sont importantes pour le club, il faut bien

1. Le prénom a été modifié.
2. Entretien de Justin réalisé dans le cadre de ma thèse.
3. Prénom modifié. Entretien réalisé dans le cadre ma thèse.

vivre. » Effectivement, la présence de boxeuses portant le hijab, ou l'une de ses variantes, est une réalité avérée au sein du club d'Amir et pour certaines d'entre elles le port du voile semble davantage du ressort de l'affichage. L'une des boxeuses que nous avons interpellée à ce sujet nous a simplement expliqué que lors de sa première séance elle a vu une des filles avec son voile, donc elle a gardé le sien, mais qu'elle l'aurait enlevé si on le lui avait demandé, comme elle le fait à l'école.

Cependant, il est vrai que le soutien financier public subit une forte baisse et que la pérennisation de la structure dépend des cotisations des adhérents. L'éducateur ne peut se priver, comme nous l'avons constaté lors de nos observations sur le terrain, de cet apport financier pour maintenir l'activité associative du club.

Le dernier argument que j'ai pu analyser au cours de ces années de travaux n'est pas des moindres. Les athlètes et les entraîneurs peuvent considérer que la religion est un facteur de la performance. Ainsi, pour les sportifs pieux, il est impensable de ne pas convoquer la religion aux moments-clés des échéances compétitives. Cette croyance, qu'il est très difficile, voire inutile de chercher à déconstruire lorsqu'on entraîne des compétiteurs, est l'argument roi. Voici donc des membres de l'équipe de France de football en train de faire une prière autour du rond central avant une rencontre internationale ou encore ce combattant de MMA qui refuse d'être coaché en compétition par son entraîneur habituel car il ne prie pas avec lui. Il préfère un coreligionnaire pour l'accompagner dans la cage. L'athlète explique à son coach[1] :

1. Entretien mené dans le cadre de ma thèse.

« Juste avant mon combat, j'aime me recueillir, j'aime prier, mais toi tu ne pries pas avec nous. Avec lui, on est dans un cercle, on prie bien et ça me donne plus de chances de gagner mon combat. »

Alors que nous suivions des éducateurs lors d'une compétition pugilistique en région francilienne, nous avons été étonnés de constater qu'un nombre important d'athlètes, d'encadrants et parfois de spectateurs, pratiquaient la prière dans les tribunes et les coursives d'un gymnase mis à leur disposition par la ville de Paris. Si chacun exerçait son culte de manière individuelle, le tableau qui s'offrait à notre vue nous renvoyait à des pratiques déjà mises en évidence par d'autres chercheurs travaillant sur le football, et également aux recherches de Youcef Fates sur le sport algérien.

Ce chercheur explique avoir vu « des spectacles insolites sur les gradins des stades ou sur quelques espaces libres et “praticables”. De nombreux spectateurs, à la mi-temps, après avoir fait leurs ablutions dans quelque point d'eau du stade, font leur prière, puis à la fin reprennent leur place dans les tribunes[1] ».

Ces actes religieux individuels peuvent-ils s'envisager et s'organiser, sur notre territoire, en repli communautaire, comme le laissent entendre les pouvoirs publics dans leurs différentes communications ? Dans une circulaire du 8 novembre 2018 qui traite des phénomènes de radicalisation dans le sport, le ministre de l'Intérieur Christophe Castaner et la ministre des

1. Youcef Fates, « L'islamisme algérien et le sport : entre rhétorique et action », art. cit.

Sports Roxana Maracineanu identifiaient nettement la menace et demandaient aux préfets d'agir :

> Il importe donc de programmer, avec discernement mais détermination, notamment dans un souci de protection des pratiquants, des contrôles administratifs ciblés sur les territoires impactés et les disciplines à risque, en croisant plusieurs critères dont :
> - au premier chef, la mise en évidence d'une dynamique de groupe : la situation de communautarisation dans certains clubs (sports collectifs ou sports de combat...) notamment sous l'impulsion de dirigeants, encadrants ou membres influents, peut être le ferment d'une radicalisation violente ultérieure ; doivent également alerter l'émergence de plusieurs signalements au sein d'un club qui s'inscrit dans un territoire déjà marqué par les phénomènes de radicalisation ou encore l'accaparement des lieux ou des installations sportives pour un groupe de pratiquants radicalisés ;
> - l'identification de pratiques sportives aggravant objectivement le risque en cas de radicalisation violente (tir sportif, sports de combat, pratiques aéronautiques sportives...)[1].

Un an plus tard, le ministre de l'Intérieur précisait aux préfets réunis lors d'un séminaire à la Place Beauvau dans un discours consacré à la lutte contre l'islamisme et le repli communautaire que « certains lieux de culte [...] et certains centres culturels et sportifs se transforment en incubateur de haine ».

Si les autorités politiques, comme les services de renseignement, affirment que ce repli communautaire est implanté dans les clubs sportifs, il est indispensable de tenter de mieux cerner le problème sur le terrain.

1. Circulaire du 8 novembre 2018.

LE REPLI COMMUNAUTAIRE

Si la notion de « repli communautaire » est parfois fortement connotée, elle est néanmoins mobilisée par les acteurs administratifs et politiques en charge du secteur sportif. Pour rappel, le SG-CIPDR définit le communautarisme comme « la volonté de soumettre un groupe ou un espace social à des normes tirées de l'interprétation d'une religion, en l'occurrence de l'islam. Ce phénomène conduit à ce qu'une part importante de la vie sociale soit, de fait, organisée et contrôlée par des groupes d'inspiration religieuse, rigoriste et prosélyte, et, pour certains, porteurs d'un projet politique de rupture et de sécession ». Toute la difficulté est de savoir si l'ensemble des facteurs doit être réuni pour catégoriser le phénomène ou seulement une partie d'entre eux. Ce travail est dévolu aux services de renseignement, mais il faut aussi que les acteurs du sport puissent évaluer si un tel risque existe au sein de leur structure.

Pour commencer l'analyse, je vous propose d'étudier le club de Younes[1]. Entraîneur, il se déclare de confession musulmane sans toutefois pratiquer sa foi, bien que la pratique religieuse soit quotidienne au sein de son club. Il nous explique que « les gars font la prière sur le tapis mais [que] cela s'est toujours fait ».

Cette habitude, certes contraire aux règles coubertiniennes, n'est pas surprenante tant la typologie du

1. Le prénom a été modifié. Entretien réalisé au cours de ma thèse.

public de sa discipline, la lutte olympique, a changé ces dernières années en France. Historiquement, la lutte était très pratiquée dans les pays de l'Est, et de nombreux ressortissants de cette partie de la planète continuent à lutter sur le territoire national. Parfois, la fédération française va même les chercher dans leur pays pour renforcer les rangs de l'équipe nationale. Si, comme j'ai pu le constater à maintes reprises, le niveau de ces lutteurs est particulièrement élevé, ils méconnaissent tout autant les principes de notre république, notamment le respect de la mixité et de la neutralité. Un reportage de France 2 diffusé dans « L'œil du 20 heures » a montré cette communautarisation d'un club toulousain[1]. L'entraîneur de lutte expliquait au journaliste infiltré, qui filmait en caméra caché, que les hommes refusaient de s'entraîner avec l'unique jeune femme encore dans la structure. De plus, celle-ci se voyait obligée de se couvrir le corps, à l'instar de toutes les candidates potentielles.

Malgré la circulaire du ministère de l'Intérieur précitée, ce club n'a pas été inquiété par les autorités administratives. Pourtant, il sera impliqué indirectement dans une affaire beaucoup plus dramatique quelques années plus tard.

Toujours dans les sports de combat, j'ai gardé un souvenir poignant de ce jeune éducateur sportif qui venait d'ouvrir son club dans l'est de la France. De confession musulmane, passionné de boxe thaïlandaise,

1. Voir https://www.francetvinfo.fr/societe/religion/video-enquete-sur-la-radicalisation-dans-les-clubs-de-sports-en-france_2677196.html.

il désire transmettre son savoir aux jeunes de sa ville. Après quelques mois de tractations avec sa mairie, il obtient le précieux sésame, à savoir trois créneaux dans le dojo municipal pour développer les activités de son club.

Je rencontre ce jeune éducateur dans une formation[1] que je dispense pour le SG-CIPDR auprès de la préfecture de département. Lors d'un temps d'échanges avec les stagiaires, l'éducateur demande la parole pour soumettre un cas. Il nous explique qu'au cours de son premier cours il met de la musique pour accompagner l'échauffement comme le font de nombreux entraîneurs. À ce moment, un jeune homme lui indique que c'est interdit et remet en cause sa foi. L'entraîneur lui indique qu'il ne faut pas tout mélanger, mais le jeune insiste et reçoit le soutien de plusieurs adhérents. Afin d'éviter le conflit, lors des premières minutes de son premier cours, il propose de voter à main levée pour conserver ou non la musique. L'entraîneur remporte le suffrage, les contradicteurs quittent le cours. Le deuxième cours de la semaine se déroule sans aucun problème. Pour la dernière séance hebdomadaire, l'entraîneur est surpris de voir de retour le meneur de la première séance. Il remet la musique pour l'échauffement et le jeune souhaite la voir de nouveau cesser. Cette fois, c'est lui qui sollicite le vote à main levée. Après s'être emporté, l'entraîneur est contraint de se soumettre à l'exercice. Subitement, plusieurs jeunes

1. « Comprendre et prévenir les risques de radicalisation dans le sport », formation pour le compte du SG-CIPDR dans le cadre d'un marché public.

sortent des vestiaires pour participer au cours... et au vote. Le non l'emporte et le professeur doit couper la musique. Il est venu en formation quelques semaines après pour comprendre car il n'avait toujours pas repris les cours après cet épisode.

C'est bien un groupe, conduit par un meneur, qui a cherché à imposer des règles religieuses pendant le cours. Nous sommes visiblement face à un possible cas de repli communautaire.

Mais ces problèmes n'apparaissent pas uniquement dans le champ des sports de combat. Dans le cadre de notre enquête pour la FFF avec l'association Sport Prevent, plusieurs acteurs de football nous ont relaté des situations qui s'apparentent également à du repli communautaire. On pourrait citer par exemple ce dirigeant qui nous explique que « certains clubs que l'on reçoit font des demandes de prière. Un club de la région de B. est venu chez nous disputer un match de Coupe de France. Les dirigeants m'ont demandé un endroit pour faire la prière. Je leur ai personnellement ouvert un vestiaire inoccupé ». Ainsi, le système s'institutionnalise alors qu'il est contraire au règlement de la fédération.

Cet autre éducateur confirme et s'emporte à propos du non-respect des règles durant un entretien dans le même cadre :

> Il y a des endroits où la ligue ferme les yeux sur les comportements de certains clubs, au niveau des prières... Il y a quatre, cinq ans, on est allés jouer dans un club où cela a été très compliqué. Le coup d'envoi a été un peu retardé à cause de prières avant le match dans le vestiaire. On a fermé les yeux alors qu'il y avait un délégué officiel de la ligue. Cela m'a mis en porte-à-faux. Mes joueurs sont

venus me dire : pourquoi eux ils ont le droit de faire la prière avant le match et pas nous ?

Cette difficulté à gérer le repli communautaire est particulièrement complexe pour les dirigeants sportifs. Du club à la fédération, tous les bénévoles ou professionnels sont susceptibles d'être impactés par ces phénomènes à un moment ou à un autre de leur parcours. Au cours de mes recherches, j'ai été frappé par le manque de soutien rencontré par ces encadrants quand ils doivent prendre une décision liée aux différentes atteintes à la laïcité. Des inquiétudes juridiques aux possibles menaces physiques, il est toujours plus rassurant de ne rien faire et d'attendre, conformément à la maxime des trois singes de la sagesse : « ne rien voir, ne rien dire, ne rien entendre ». La position très ambiguë de l'ancienne ministre des Sports Roxana Maracineanu[1], dont le soutien au port du voile dans la pratique sportive est très largement assumé comme en témoigne son audition au Sénat[2], n'aide pas les prises de décision du mouvement sportif et des fonctionnaires qui dépendent de ce secteur.

Après plus de six années de fonctionnariat au sein du ministère des Sports, j'ai créé des liens professionnels et amicaux durables. Mon travail sur ces

1. « Le sport que je défends est un sport inclusif, où tout le monde a sa place, où chacun arrive comme il est, et qui permet à l'individu de se construire, de découvrir l'autre, de s'exprimer sur ce qu'il est, sur ce que sont ses parents, sa culture, son origine » (Roxana Maracineanu, ministre des Sports, audition au Sénat).

2. Voir en ligne le rapport complet : http://www.senat.fr/notice-rapport/2019/r19-595-1-notice.html, notamment p. 182.

questions, qui ne vise bien évidemment pas à critiquer le sport, mais à tenter de le protéger (au même titre que d'autre le font pour prévenir les violences sexuelles, le dopage ou les paris truqués), facilite les échanges avec mes collègues de fédérations notamment. Lors d'un déjeuner, un collègue directeur technique national (DTN) me questionnait sur la conduite qu'il devait tenir lorsque « des athlètes de l'équipe de France refusent de partager leur chambre avec des gens qui ne sont pas musulmans ». En difficulté pour gérer cette situation à chaud, il a préféré temporiser et laisser faire en s'accordant ainsi le temps de la réflexion. Pourtant, il est possible que ce DTN soit confronté à une forme de repli communautaire qui risque de prendre encore plus d'ampleur après cette acceptation consensuelle et ponctuelle. Il est possible qu'il doive gérer cette déviance avec l'aide des autorités compétentes, en l'occurrence celles de l'Intérieur. Seuls ces fonctionnaires pourront confirmer ou infirmer cette communautarisation et graduer, le cas échéant, la menace potentielle.

Un rapport institutionnel, resté relativement confidentiel, tente pourtant de mesurer le nombre de clubs communautarisés répartis sur l'ensemble du territoire. Il a été rendu public le 7 décembre 2020 par le Comité national olympique et sportif français (CNOSF). Dans cette enquête[1] au cœur des 155 697 clubs fédérés[2], les autorités du mouvement sportif ont cherché à mesurer

1. Baromètre des clubs sportifs fédérés, « Sujets sociétaux », 7 décembre 2020.

2. Source : ministère des Sports, 2019.

les menaces sociétales dans le sport. Plusieurs thématiques sont abordées, dont le communautarisme. Sur 2 526 répondants, 22 % d'entre eux, soit 556 clubs différents, affirment avoir été confrontés à des faits de communautarisme. L'interprétation de cette donnée n'est pourtant pas aisée car nous ne connaissons que peu de choses sur la nature des situations ciblées.

Toutefois, nous observons que les répondants sont en capacité de détecter cette forme de déviance et que selon ces mêmes acteurs de terrain elle est bien présente dans le sport. Cette analyse semble confirmée par le président de l'Association nationale des directeurs et des intervenants d'installations et des services des sports (ANDIISS). Lors d'un échange avec le Conseil des sages de la laïcité en 2021[1], ce fonctionnaire territorial nous indique avoir sollicité les membres de son association pour préparer cet entretien. Selon le président de l'ANDIISS, plus de sept cents clubs posent des difficultés aux directeurs des services des sports affectés au sein des communes du territoire. Sur la base des données de l'Institut national de la jeunesse et de l'éducation populaire (INJEP), on peut estimer que 65 100[2] individus pratiquent quotidiennement dans des clubs sportifs, institués ou non.

Par voie de conséquence, l'optimisme initial prend une résonance particulière au regard des enjeux protectionnistes qui irriguent, ou sont censés irriguer, les valeurs du sport. Par ailleurs, nous pouvons également supposer que le terme de communautarisme utilisé par

1. Audition du 20 septembre 2021.

2. Nombre approximatif d'adhérents calculé sur la base d'une moyenne de 93 adhérents par structure selon l'INJEP.

les différents acteurs manque de précision. Sommes-nous dans le seul repli communautaire, dans le séparatisme ou dans la radicalisation ? Cette graduation, comme je l'ai déjà mentionné, dépasse les seules compétences du sport.

LE SÉPARATISME

Pour mémoire, le séparatisme est une notion relativement récente qui est apparue lors du discours du président de la République aux Mureaux. Il s'inscrit entre le communautarisme et la radicalisation tout en étant judiciarisable dans le cadre de la loi confortant le respect des principes de la République[1]. En se dotant d'un outil de coercition juridique, l'État se donne ainsi les moyens d'agir. Mais la volonté d'agir est-elle présente ?

L'exemple qui va suivre est une séquence particulière qui s'est déroulée dans un club de kickboxing du sud de la France. Une association de jeunes femmes musulmanes a souhaité pratiquer ce sport pour se maintenir en forme. La présidente prend l'attache d'une éducatrice de cette discipline pugilistique pour savoir si elle accepterait de leur donner des cours. Au cours de la discussion, la présidente pose ses exigences. Elle impose que tous les rideaux et volets

1. Voir https://www.legifrance.gouv.fr/jorf/id/JORFTEXT000043964778.

soient fermés durant les séances. Aucun homme ne doit passer dans le club durant leurs entraînements. Après l'accord du club pour un essai de quelques semaines, dans les conditions fixées, une trentaine de jeunes femmes viennent une fois par semaine s'entraîner dans ce club non affilié aux fédérations. Lors de mes entretiens avec la professeure de kickboxing, elle s'interrogeait sur le bien-fondé de la démarche qui lui semblait contraire aux principes républicains. Après quelques séances, elle a mis fin au partenariat avec cette association dont l'existence ne semble pas remise en cause à l'heure actuelle.

Ces dernières années, un phénomène inquiétant est apparu dans le spectre de ce que l'on appelle les signaux faibles. Ces indicateurs se repèrent dans le comportement des individus et laissent entrevoir une possible déviance visant au non-respect des principes de la République. Comme espace de socialisation, le sport est un miroir de la société avec les aspects les plus positifs comme les plus discutables. Croire ou faire croire que le sport serait un lieu protecteur imperméable aux déviances est une assertion trompeuse, mensongère et dangereuse. Les nombreux travaux sociologiques, depuis quarante ans, ont pourtant très largement démontré la porosité de ce secteur. Si les signaux faibles sont en perpétuelle évolution, il y a lieu de s'interroger sur la *hijama*.

Cette forme de médecine prophétique mobilise les ventouses afin, comme ses adeptes l'affirment, de soulager les douleurs, réduire le stress ou encore nettoyer le corps. La *hijama* est utilisée en version sèche, avec l'application de simples ventouses, ou en version humide, avec des scarifications sous les opercules. Ces pratiques s'apparentent à un acte médical qui nécessite un encadrement idoine et non pseudo-religieux comme cela est parfois le cas. Les services de l'État demeurent attentifs au développement de cette pratique déviante qui s'entend aussi comme un exercice illégal de la médecine lorsque les praticiens ne sont pas référencés par l'Ordre. Plusieurs affaires ont été traitées sur le territoire national, comme le souligne un article de presse qui reprend une situation au sein de la métropole lilloise[1]. Selon la journaliste, « la *hijama*, qui vient du mot arabe *hijm* (absorber, extraire), est une pratique issue de la médecine chinoise, aussi très prisée de la communauté musulmane ». Pouvons-nous imaginer que les sportifs aient recours, eux aussi, à cette pratique ?

À de très nombreuses reprises, j'ai été interpellé sur l'avancée de cette pratique pseudo-médicale dans le champ sportif. Une professionnelle du secteur a travaillé sur ce sujet sous l'angle des dérives sectaires, il s'agit de Christine Destombes. Au cours de mes nombreux échanges avec cette spécialiste, nous avons pointé des liens entre cette pratique et des clubs de sport dans lesquels on retrouve les deux formes de pratiques de la *hijama* (sèche et humide).

Contrairement à la situation lilloise, les clubs de sports communiquent ouvertement sur les réseaux sociaux pour mettre en avant les bienfaits de la

1. Voir https://actu.fr/hauts-de-france/lille_59350/elles-pratiquaient-la-hijama-sept-personnes-interpellees-dans-la-metropole-de-lille_51270506.html.

médecine prophétique pourtant démentis par l'Ordre national des masseurs-kinésithérapeutes. Dans leurs avis du 18 mars 2021[1], le conseil national de l'ordre indiquait que « la pratique des ventouses étant, à ce jour, insuffisamment éprouvée et faisant courir au patient un risque injustifié de lésion (saignement, brûlure, etc.), le kinésithérapeute ne peut proposer ce procédé conformément aux dispositions des articles R.4321-87 et R.4321-88 du Code de la santé publique ». Cependant, à aucun moment, le terme *hijama* n'est pointé dans cet avis alors qu'il est clairement visé. Par pudeur sans doute !

Nous observons pourtant cette pratique sur l'ensemble du champ sportif et plus particulièrement auprès des sportifs de confession musulmane. Ainsi, de jeunes footballeurs franciliens de moins de 15 ans se voient servir de cobayes à l'exercice illégal de la médecine, pour reprendre le cadre réglementaire, de la part d'un praticien autoproclamé qui en publie lui-même des photos sur son compte Instagram. Nous retrouvons, notamment *via* les réseaux sociaux, ces pratiques dans les plus hauts lieux du sport comme l'Institut national du sport, de l'expertise et de la performance (INSEP), sans bien comprendre si le service médical de l'institution a validé la pratique de la médecine prophétique auprès des athlètes français, dont certains sont susceptibles d'être inscrits sur les listes ministérielles de haut niveau.

1. Voir https://gironde.ordremk.fr/2021/04/28/avis-du-conseil-national-de-lordre-du-18-mars-2021-relatif-a-la-pratique-des-ventouses.

Comment de tels errements peuvent-ils être tolérés sans qu'aucun dispositif de contrôle et de sécurité se soit assuré de la pertinence juridique et de santé publique de cette pratique, en particulier lorsque la *hijama* humide est utilisée sur des athlètes ? En plus des ventouses, des incisions sont pratiquées sur le corps des sportifs avec pour objectif de purifier le sang. Une nouvelle fois, les images prolifèrent sur les réseaux sociaux avec moult détails. Ainsi, un boxeur nordiste, à la suite d'un *knock-out*[1], a été consulter un soi-disant spécialiste qui lui a incisé la tête puis appliqué des ventouses, pour le soulager et purifier son sang, en dehors de tout encadrement médical certifié.

Ces pratiques, si elles avaient lieu en marge de toute coloration religieuse, pourraient s'entendre comme un simple charlatanisme dénué de fondement scientifique, mais associées aux techniques de soins prétendument utilisées par le Prophète, elles révèlent autre chose. Nous sommes en droit de nous inquiéter et cela justifie d'appréhender la *hijama* comme un signal faible de séparatisme. Mais que font donc les autorités publiques en charge du sport pour assurer la sécurité des sportifs amateurs et professionnels, mineurs ou majeurs ?

L'affectation d'un officier de liaison du ministère de l'Intérieur auprès de l'administration sportive montre l'importance prise par cette menace ces dernières années. Cet appui spécialisé a pour mission d'affiner les remontées de terrain et de les transmettre aux services compétents tels l'UCLAT et le SCRT notamment.

1. Mise hors combat. Autorisé dans les combats de boxe notamment.

Grâce à cette expertise et dans le cadre d'une audition à l'Assemblée nationale, la ministre des Sports a précisé qu'au 27 novembre 2020, cent vingt-sept associations sportives étaient identifiées comme « ayant une relation avec une mouvance séparatiste ». Il s'en est suivi un déferlement de déclarations de soulagement politique, médiatique, voire policier. Dans son bulletin bimensuel de juin 2021, l'UCLAT affirme que ces cent vingt-sept clubs « représentent une part relativement faible des 360 000 structures déclarées et doivent aussi être rapportés aux 16,5 millions de licenciés », puis explique que « le risque majeur vient ainsi peut-être, au contraire, des pratiques sportives sortant des structures officielles ». Si nous pouvons tous nous réjouir que le phénomène ne soit pas massif, je reste étonné par l'approximation, voire l'imprudence de l'analyse des spécialistes de la lutte antiterrorisme.

Pour être précis, le sport institué totalise 155 697 clubs en 2019 selon le ministère des Sports[1] et le CNOSF. Ainsi, les cent vingt-deux[2] clubs mentionnés par la ministre ne représentent que 0,07 % des structures instituées. En nous limitant à cette statistique rassurante, nous pouvons même nous demander à quoi bon cette gabegie financière de politique publique de prévention et pourquoi une telle « hystérisation[3] » du sujet. Cependant, nous devons intégrer un peu de complexité dans l'équation et ainsi relativiser ces chiffres.

1. Baromètre des clubs sportifs fédérés, « Sujets sociétaux », 7 décembre 2020.

2. Cinq clubs auraient été fermés en 2019.

3. Jérôme Ferret, *Crise sociale, question nationale et violence dans les sociétés contemporaines occidentales*, *op. cit.*

À aucun moment je ne remets en cause la véracité des 0,07 % de clubs déviants, mais il est important de dire que cela représente tout de même 11 346 adhérents qui pratiquent une activité sportive dans un club officiel « ayant une relation avec la mouvance séparatiste », pour reprendre les propos de la ministre des Sports.

Ce chiffre est très loin d'être anodin selon moi. Depuis deux ans, aucune structure de cette liste ne semble avoir été fermée par les autorités malgré la loi du 24 août 2021 citée précédemment. Une question devient alors évidente : comment est-il possible que les ministres, de l'Intérieur et des Sports, ne ferment pas cent vingt-deux clubs qui contreviennent avec les principes de la République et acceptent ainsi de mettre en danger plus de 11 000 personnes ? Mon analyse peut paraître brutale, mais elle est fondée sur les propres données du gouvernement.

Quand on lit les travaux de l'UCLAT qui nous expliquent que le problème est plus important dans le sport non institué, soit les 200 000 autres associations, on ne peut qu'être inquiet. Avec plus de 65 000 individus qui s'entraîneraient dans des clubs communautarisés, 11 000 licenciés qui pratiquent au quotidien dans des clubs en lien avec la mouvance séparatiste, gradation supérieure, il n'est absolument pas sérieux de se satisfaire de la situation.

Avec un ministre de l'Intérieur, qui a été par ailleurs chef de cabinet au ministère des Sports, très engagé sur les questions de sécurité, il est impensable que cette situation ubuesque et dangereuse perdure sans une action coercitive significative. Cela permettrait de limiter les points de bascule dans l'étape suivante, celle de la radicalisation.

LA RADICALISATION

Quand on se sert de cette terminologie sulfureuse, l'hystérie annihile toute rationalité dans les débats, qu'ils soient scientifiques ou professionnels. Je me suis expliqué préalablement sur la controverse scientifique autour de ce néologisme académique. Afin de clarifier d'emblée ma position au regard de cette notion dépourvue de consistance scientifique, je considère qu'il s'agit d'un concept créé par des professionnels (police, justice, politique) pour un usage professionnel. La radicalisation est un outil des forces de sécurité intérieure qui étiquette des individus déviants susceptibles de porter atteinte à la sécurité nationale, que l'on inscrit au FSPRT et que l'on peut ficher S. Ce *process* est utilisé pour l'ensemble de la société et le sport n'est pas épargné, comme le soulignent les notes du renseignement que j'ai consultées.

Le biais le plus important qui concerne ce néologisme relève de son « statut juridique », si je puis le nommer ainsi, car la radicalisation est légale dans notre pays. Tous les problèmes de compréhension attachés à cette notion sont la résultante de cette dichotomie : être suivi/fiché pour un risque d'atteinte à la « sûreté de l'état » malgré la légalité de cet engagement idéologique. Si l'on peut se réjouir que dans un État de droit il soit impossible d'emprisonner sans jugement, comment, sur le terrain, les acteurs du sport peuvent-ils gérer cette menace au quotidien ?

Les dirigeants, les éducateurs sportifs, professionnels et bénévoles, doivent parfois faire face à cette contradiction républicaine. La principale responsabilité de ces encadrants est, outre le développement technique des jeunes sportifs, d'assurer la sécurité physique et morale des adhérents. Mais comment le faire sans outils réglementaires et juridiques ? Le plus simple est d'éluder ces questionnements et d'affirmer que ces phénomènes n'existent pas dans le champ du sport. Ces assertions, sportives, administratives et parfois scientifiques, sont tout aussi dangereuses que d'affirmer que le sport est perverti dans son ensemble.

Le sociologue Xavier Crettiez nous indique que « l'engagement dans la radicalité est souvent un processus éloigné des lieux dominants de l'islam. [...] Il peut également s'éprouver dans des lieux très éloignés des univers de prières comme les salles de sports de combat, très pratiqués par les djihadistes[1] ». Il y a certes des risques avérés, plus ou moins localisés à des territoires et/ou des disciplines, qu'il est nécessaire de sécuriser. Lors de mes travaux de recherche, mon activité scientifique s'est concentrée principalement sur les sports de combat et il apparaît évident que mon regard soit plus aiguisé sur ces disciplines mais que

1. Xavier Crettiez, « Itinéraires de jihadistes », *Sciences humaines*, n° 315, p. 24.

les autres sports sont également susceptibles de prêter le flanc à de l'entrisme politico-religieux.

Cependant, il y a beaucoup plus inquiétant que les sportifs radicalisés, c'est le dirigeant ou l'éducateur fiché pour radicalisation islamiste. Si je ne minimise pas, loin de là, le risque représenté par de simples adhérents au sein des structures, celui-ci n'est pas comparable à l'extrême menace que ferait peser un encadrement déviant sur les jeunes. Lors de mon entretien avec un dirigeant de l'UCLAT, celui-ci souligne qu'il est nécessaire « d'avoir un point d'attention particulier, parce que c'est une zone de très grande vulnérabilité, sur la fonction charnière d'entraîneur. Je pense que c'est le point de bascule[1] ». Ce phénomène est certes mineur, mais lorsqu'il est présent il risque de transformer les comportements des adhérents du club. Plus ils sont jeunes, plus le risque est grand. C'est le cœur de mes travaux. Comment notre société peut-elle accepter de laisser des individus avoir la possibilité d'endoctriner des adolescents, en pleine construction, au sein de nos clubs institués ou non ?

Pour illustrer cette menace, prenons un premier exemple qui touche à la fois le mouvement sportif et l'Éducation nationale. Un jeune professeur de judo, titulaire d'un diplôme d'État dans la discipline[2] et d'une carte professionnelle délivrée par les services déconcentrés du ministère des Sports, s'est retrouvé en face à face pédagogique avec des jeunes scolarisés au

1. Entretien réalisé en mai 2017.

2. Brevet professionnel de la jeunesse, de l'éducation populaire et du sport (BPJEPS) de la spécialité éducateur sportif dans la mention judo-jujitsu délivré en 2018.

sein d'une section sportive d'un établissement scolaire jurassien. Cette situation est identique, en tous points, à de nombreuses autres séances qui se déroulent quotidiennement sur l'ensemble du territoire. Pourtant cet éducateur, ancien athlète inscrit sur les listes ministérielles de haut niveau, a entamé une conversion religieuse avant de s'engager dans une voie plus radicale. Ses agissements et les propos qu'il tient auprès des judokas, plus particulièrement auprès des jeunes filles, interrogent les parents sans que le rectorat en soit avisé. Après seulement quelques semaines, les tensions se multiplient et ce sont les parents qui interviennent pour mettre fin à l'activité de cet éducateur sportif. Après enquête, le jeune éducateur sera probablement fiché et suivi pour sa radicalité. Sans la vigilance des parents, les problèmes d'endoctrinement et de recrutement auraient pu prendre une tournure tragique. Car le risque majeur se trouve bien là : utiliser son statut dominant d'éducateur sportif pour « éduquer » des jeunes à l'idéologie politico-religieuse en dévoyant les valeurs sportives.

Plusieurs autres travaux académiques ont déjà démontré ces pratiques au sein des clubs sans s'intéresser particulièrement au rôle réel de l'éducateur sportif dans cet engagement déviant. Au cours de mes recherches, je me suis particulièrement intéressé à ce sujet et plus spécifiquement aux différentes étapes dans la carrière déviante que sont susceptibles de franchir les éducateurs sportifs. Selon Howard Becker, la carrière déviante implique nécessairement un processus d'engagement en plusieurs phases. Ainsi, l'entrée dans la carrière déviante « consiste la plupart du temps à commettre une transgression, c'est-à-dire un acte non conforme à un système particulier de normes. [...] Il se peut tout simplement que des individus profondément engagés dans une sous-culture particulière (religieuse, technique, etc.) n'aient pas conscience que leur manière d'agir n'est pas partagée par tous[1] ». Cette approche que j'ai mobilisée dans le cadre de ma thèse permet de tenter humblement de catégoriser les étapes franchies.

Le point d'équilibre, aujourd'hui fortement discuté et que j'assume pleinement, s'articule autour de la neutralité syndicale, religieuse et politique dans le sport. C'est le principe de la règle 50.2 de la Charte olympique déjà évoquée. Tout ce qui transgresse cette règle devient un engagement dans la carrière déviante.

En mobilisant ce concept, j'observe que la permissivité est une première étape, suivie du repli communautaire puis du séparatisme et de la radicalisation jusqu'à la phase ultime, le passage à l'action terroriste. Mes travaux visent à envisager la possibilité que ces étapes soient franchies par des éducateurs sportifs déviants. Si les notes précitées des services de renseignement pointent quelques situations, aucune analyse ne semble émerger sur cet angle inquiétant. Pourtant, il est possible qu'une forme d'éducabilité à l'islamisme soit réalisée par ces éducateurs sportifs déviants. La sensibilité du sujet nécessite de reprendre des exemples concrets afin d'expliciter mon raisonnement.

Après la nécessaire explication de mon cadre de recherche et la mise en confiance avec mes interlocuteurs, la parole s'est relativement libérée, comme ce

1. Howard Becker, *Outsiders*..., *op. cit.*

fut le cas avec ce directeur sportif, renommé Justin[1], qui s'interroge sur l'un de ses éducateurs qui officient dans sa structure :

> Je me suis posé la question sur un de mes entraîneurs, notamment sur sa posture, son niveau de radicalité personnelle. C'est-à-dire jusqu'où il exprimait sa foi musulmane voilà, grande barbe, on ne touche pas les femmes donc il n'y a pas de poignée de main. Donc voilà, alors connaissant le personnage et m'étant fait relater son passé, je trouve que la bascule, si on peut appeler ça comme ça, la bascule est impressionnante.

Ce type de questionnement montre la fragilité avec laquelle on doit aborder le sujet et, pour l'avoir vérifié par la suite, cet éducateur faisait bien l'objet d'un suivi des services de renseignement sans que l'on puisse l'empêcher d'exercer comme je vais le démontrer.

Dans le cadre d'un pan de mon activité professionnelle, je forme les futurs éducateurs sportifs de différentes disciplines sportives. Au cours de leur formation, les stagiaires doivent déclarer leur activité auprès des services déconcentrés du ministère des Sports, procédure obligatoire pour être rémunéré. Dans le cadre de cette déclaration, les conditions d'honorabilité sont vérifiées par les fonctionnaires qui consultent le bulletin numéro 2 du casier judiciaire. Ces démarches administratives permettent d'éviter que des bénévoles et des professionnels, au casier judiciaire chargé, se retrouvent en face à face pédagogique avec nos enfants. Nous pouvons nous réjouir de ces contrôles rassurants à ceci

1. Prénom modifié. Entretien enregistré.

près que le repli communautaire ou la radicalisation ne sont pas des condamnations. Ils ne figurent donc pas au casier judiciaire. Un éducateur sportif, inscrit au FSPRT et fiché S, peut obtenir un diplôme délivré par le ministère des Sports, une carte professionnelle de la préfecture du département d'emploi, et exercer son activité pédagogique auprès de tous les publics.

Conscient de cette faille depuis très longtemps, je n'ai cessé d'alerter les autorités sur cet incroyable « trou dans la raquette ». Il ne se passe pas une année sans que je sois personnellement impacté par cette incohérence au sein de mon organisme de formation. Il y a quelques mois, mon équipe a été contactée par une fonctionnaire du ministère des Sports qui s'inquiétait de la situation administrative de l'un de nos stagiaires BPJEPS[1] boxe. Ne comprenant pas les griefs de l'agent, je prends son attache et comprends très rapidement que nous sommes confrontés à une possible situation de radicalisation islamiste de notre stagiaire qui suivait une formation digitalisée. L'agent du ministère des Sports nous demandait d'éviter de le présenter à l'examen qui avait lieu quelques jours plus tard. Mais, faute de base juridique, nous avons été dans l'impossibilité de le faire. Le stagiaire est aujourd'hui titulaire d'un diplôme professionnel d'éducateur sportif en boxe et peut enseigner auprès de tous les publics alors que les autorités connaissent sa radicalité et la menace qu'il est susceptible de faire peser sur la République. Malheureusement, ce cas est loin d'être isolé.

1. Brevet professionnel de la jeunesse, de l'éducation populaire et du sport.

Toujours dans le cadre de mes recherches, j'ai rencontré un éducateur sportif qui a visiblement été fiché durant une période au motif qu'il a entraîné des membres d'un groupe terroriste. Celui que je nommerai Ibrahim[1] n'a pas été surpris des problèmes qu'il rencontrait lors de ses départs en vacances.

Il me dit lors d'un entretien enregistré : « Ce qu'ils ont fait quand je passais la douane avec ma famille ? Ils m'ont fait galérer et quand j'interrogeais les policiers de l'aéroport ils me disaient : "Oui, vous savez bien pourquoi." »

Ancien champion de sports de combat, il dirige un club en région parisienne. Il reçoit la visite d'un personnage qu'il ne connaît pas et ils commencent à évoquer ensemble la religion. L'homme, déjà condamné pour terrorisme, a un parcours atypique et ne masque pas ses intentions auprès de l'entraîneur du club. Ibrahim a, semble-t-il, été fasciné par le parcours de cet éducateur spécialisé qui a basculé dans le djihadisme international.

À l'époque des faits, les échanges deviennent plus nombreux et plus réguliers entre eux. Lors d'une conversation, l'ancien détenu lui explique qu'il a payé sa dette envers la société et qu'il souhaite bénéficier de son enseignement et de son expertise en sports de combat. Après avoir accepté, Ibrahim lui propose de ramener ses amis et ils se retrouvent à entraîner des personnes issues du groupe radical islamiste Forsane Alizza[2]. C'est à cette période que l'ancien détenu

1. Le prénom a été modifié. Entretien enregistré dans le cadre de ma thèse.

2. Voir https://fr.wikipedia.org/wiki/Forsane_Alizza.

enclenche une nouvelle séquence dans sa phase de recrutement en tentant de l'enrôler selon lui : « Il m'a dit : “Qu'est-ce que tu fais là ? Pourquoi tu ne veux pas venir avec nous. Est-ce que cela te dirait d'entraîner à l'étranger ou des choses comme ça ?” »

Ibrahim n'a pas donné suite à cette proposition, mais cette parenthèse lui a valu un suivi actif du renseignement durant quelques mois. Cet exemple met en évidence le second risque que représente l'éducateur sportif déviant, à savoir sa performativité à entraîner autrui. Au regard de l'expertise pédagogique qu'ils acquièrent en formation et dans leurs clubs, celles et ceux qui souhaitent emprunter ou qui empruntent un chemin déviant sont dotés d'outils conséquents pour préparer des affidés aux différents groupes terroristes et mettre en péril la stabilité de la République.

Ce risque à l'éducabilité islamiste par le sport est une menace sous-évaluée, sachant qu'un éducateur radicalisé encadre de nombreux jeunes qui lui portent un respect important du fait de son statut. Parmi les nombreux documents consultés au cours de mes recherches, j'ai découvert le cas de cet entraîneur de football qui, profitant de son statut, exerce un prosélytisme religieux auprès de ses joueuses, en les invitant à lire le Coran et à venir prier chez lui. Si cet entraîneur semble, à l'époque, sous surveillance, aucune suspension de son activité n'a été prononcée par l'autorité administrative. Ce constat est malheureusement le plus souvent le cas pour l'ensemble des éducateurs sportifs radicalisés qui officient au quotidien dans les clubs (institués ou non) où nous déposons pourtant nos enfants, en toute confiance.

Ainsi, l'État ouvre la possibilité à certains entraîneurs déviants d'enfanter les terroristes islamistes de demain qui attaqueront notre République. Ce qui est impossible pour certains acteurs du sport est pourtant le résultat d'une logique implacable. Le sport ainsi détourné devient ni plus ni moins qu'un formidable outil de préparation à la cause djihadiste. La permissivité au sein des clubs, l'absence de cadre réglementaire restrictif et la fragilité relative des contrôles facilitent inévitablement l'entrisme islamiste dans ce secteur.

TERRORISME ISLAMISTE ET SPORT : UN LIEN RÉEL ?

Aborder cette section par cette question peut paraître provocateur et imprudent. Pourtant, cette interrogation est légitime, ne serait-ce que pour « fermer une porte » au sens de l'enquête sociologique. Certaines personnes me reprochent cette approche à visée selon eux sensationnaliste plutôt que guidée par l'objectivité scientifique et professionnelle. Or les chercheurs internationaux ont déjà mis en évidence ce lien dans les différents attentats islamistes qui ont ensanglanté l'Europe depuis les années 1990. Notre République, touchée par des attentats depuis 2012, serait-elle imperméable aux stratégies islamistes ? On ne peut résoudre un problème sans en déterminer toutes les causalités, qu'elles soient directes ou indirectes. Il ne s'agit pas de porter un jugement de valeur, mais bien de faire des constats factuels si déplaisants soient-ils.

Au cours de mon cursus doctoral, j'ai étudié les parcours biographiques des principaux auteurs des attentats terroristes. En me basant sur des sources ouvertes[1] et des entretiens localisés, j'ai tenté de retracer la pratique sportive de ces terroristes. Cette démarche a été confortée par mon échange avec un fonctionnaire spécialisé dans la lutte antiterroriste, dont le constat est sans appel : « Quasiment tous les individus qui sont passés à l'acte[2] et que l'on peut pénalement qualifier de terroristes ont eu, enfin la très grande majorité, une activité dans les sports de combat. » Si nos services spécialisés semblent mettre un tel lien en évidence, il est nécessaire d'élargir le spectre de recherche afin d'affiner les analyses.

Nous débutons notre travail sur la base de l'attentat de Toulouse en 2012 et nous le terminerons en 2020 avec l'attaque islamiste de Conflans-Sainte-Honorine, soit dix-neuf attentats au cours de la période et vingt-quatre auteurs principaux identifiés.

Le graphique nous apporte quelques données interprétables. La première information importante est la pratique sportive, instituée ou non, pour les vingt-quatre auteurs d'attentats perpétrés sur le territoire national. La seconde est la surreprésentation des sports de combat[3] dans ces parcours criminels. 67 % d'entre

1. Articles de presse et archives fédérales notamment.

2. Le policier parlait des actes terroristes perpétrés sur le territoire national.

3. Boxe, lutte, kick-boxing, muay-thaï, MMA, *grappling*, jujitsu brésilien notamment.

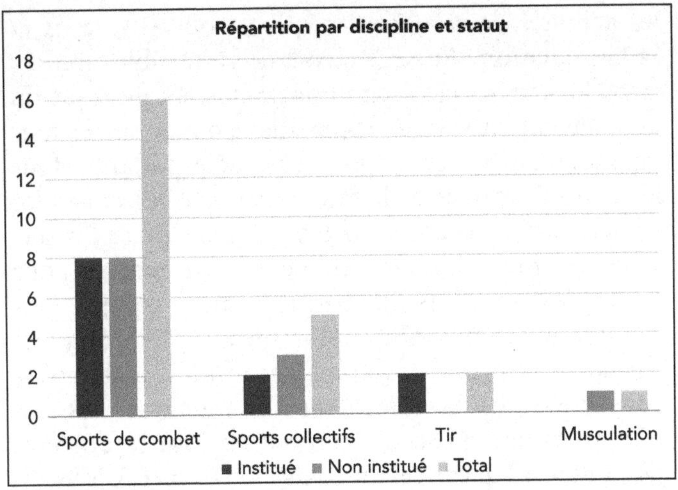

eux ont pratiqué une discipline de combat, dont la moitié en clubs fédérés et les autres dans une pratique proposée par les collectivités, le secteur marchand ou en pratique libre. Les sports collectifs (futsal, football et handball) sont représentés à hauteur de 21 % avec une courte majorité de pratique non instituée, le plus souvent dans le cadre des activités proposées par les maisons de quartier. Le tir et la musculation semblent plus confidentiels, même si nous pouvons émettre l'hypothèse que le renforcement musculaire est une activité périphérique du sport en général.

Cependant, ce graphique à lui seul, peut nous induire en erreur et nous conduire à des conclusions simplistes et erronées. Le premier constat est plutôt encourageant, le sport, dans sa globalité, n'est pas impacté par le terrorisme islamiste. Les disciplines qui émergent sont plutôt de nature utilitaire, telles

les activités de combat, les sports collectifs, le tir et la musculation. Au sein même de cette cible circonscrite, les différences sont importantes. La pratique du tir, souvent citée dans les médias comme un facteur aggravant, n'apparaît pas aussi déterminante dans la menace terroriste. Il faut noter que les contrôles exercés par la Fédération française de tir et les services de l'État sont suffisamment contraignants pour limiter les tentatives d'entrisme. Si nous comprenons la représentation viriliste de la musculation, du tir et des sports de combat auprès des affidés, il est indispensable de les dissocier dans notre analyse. Les responsables des sports de combat en France doivent, dès aujourd'hui car cela n'a pas été fait hier, s'interroger sur les causes qui ont conduit à cette permissivité islamiste au sein des clubs. Il ne s'agit pas de jeter l'opprobre sur ces disciplines, mais bien d'alerter sur cette menace qui gangrène quelques clubs avant de s'étendre à d'autres.

Le sport et l'islam ne conduisent pas aux parcours déviants et encore moins au terrorisme, ils sont tous deux dévoyés pour alimenter une idéologie politico-religieuse qui s'est donnée pour objectif d'anéantir toutes les autres formes de pensée, de remettre en cause l'égalité entre les hommes et les femmes, d'en finir avec la laïcité et plus globalement notre république. Ces données, sans être exhaustives, sont utiles pour les pouvoirs publics et plus particulièrement pour les stratégies de prévention qui mobilisent les différents gouvernements depuis 2012. Si nos services spécialisés œuvrent sans relâche pour nous protéger, il est temps d'apporter une complémentarité utile aux décisionnaires fédéraux, administratifs et politiques. Mais avant d'en arriver aux propositions, analysons un des attentats perpétrés sur notre territoire avec un filtre « sport » que nous appliquerons à l'auteur et aux différents clubs.

L'attentat de Conflans-Sainte-Honorine, où le professeur d'histoire-géographie Samuel Paty a été lâchement et sauvagement assassiné par un jeune terroriste d'origine tchétchène, met en évidence, pour peu que l'on s'en donne la peine, des liens entre les sports de combat et le parcours du criminel.

Vivant au moment des faits à Évreux, dans l'Eure, il pratique durant plusieurs années les sports de combat et arts martiaux dans plusieurs clubs, institués ou non, de la ville. Il pratique la boxe, le *sanda* (boxe chinoise) et le kickboxing tout en espérant devenir un champion de MMA. Mais cette appétence pour les disciplines d'opposition ne se limite pas aux clubs eurois. Quelques mois avant son passage à l'acte terroriste, nous retrouvons sa trace dans un club toulousain qui nécessite une attention particulière.

Au printemps 2018, je suis sollicité par une journaliste de France Télévisions qui prépare un reportage sur la radicalisation dans le champ du sport devant être diffusé dans « L'œil du 20 heures », c'est-à-dire pendant le journal télévisé du soir. Elle recherche différents clubs où l'on pourrait constater une forme de repli communautaire, voire un phénomène de radicalisation islamiste, afin d'alerter l'opinion sur cette potentielle menace sociétale. Durant plusieurs semaines, je suis resté en contact avec cette journaliste et j'ai découvert son reportage le 27 mars 2018 au soir. Au cours des huit minutes de diffusion[1], elle montre différentes situations dont celle d'un club de lutte toulousain qui, au regard des éléments qu'elle apporte dans son tournage, ne laisse planer aucun doute quant au séparatisme qui y sévit. Les responsables de la structure imposent des tenues couvrantes aux filles, qui délaissent ce club de lutte avec le temps. Une ancienne licenciée explique qu'on lui interdit de combattre en short et en tee-shirt. À cet effet, l'encadrement lui impose de se vêtir d'un pantalon de survêtement et d'un tee-shirt à manches longues qui ne laissent pas paraître sa peau car cela « dérange certains adhérents ». Les hommes et jeunes garçons refusent de lutter avec elle pour des motifs prétendument religieux, ou plutôt de l'interprétation radicale qui est en faite. L'entraîneur déclare devant la caméra refuser de vouloir s'entraîner avec une femme pour les mêmes motivations.

Ce club, affilié à la Fédération française de lutte, présente tous les signaux du repli communautaire et d'un environnement séparatiste que l'on pourrait aisément retrouver dans la liste des cent vingt-sept clubs annoncés par la ministre Roxana Maracineanu devant la représentation nationale en novembre 2020 puis reprise par l'UCLAT. Pourtant, dans les enquêtes biographiques de l'auteur qui suivent l'attentat de Conflans-Sainte-Honorine, nous apprenons par des sources diversifiées et concordantes que le terroriste s'est entraîné dans ce

1. Voir https://www.francetvinfo.fr/societe/religion/video-enquete-sur-la-radicalisation-dans-les-clubs-de-sports-en-france_2677196.html.

même club quelques mois après le reportage diffusé par France 2. Ne devrions-nous pas nous interroger sur cette dérangeante coïncidence[1] ? Si cette structure figurait dans la liste ministérielle, pourquoi n'a-t-elle pas fait l'objet d'une fermeture administrative alors même que le reportage diffusé sur France 2 procurait suffisamment de signaux alarmants ? Si tel n'est pas le cas, pourquoi n'a-t-elle pas été ajoutée à cette liste ? À la suite de la diffusion du reportage, les autorités de la commune avaient exigé des mesures tout en prévenant les dirigeants du club de faire le nécessaire pour respecter les principes républicains. Malgré toutes ces dérives, ce club semble toujours actif puisqu'il demeure affilié à la Fédération française de lutte.

L'observation du profil de ce terroriste montre une nouvelle fois que le marqueur « sports de combat » apparaît dans sa socialisation. L'analyse simpliste consisterait à dire que les sports de combat transforment des licenciés en terroristes et qu'il faut fermer, séance tenante, tous les clubs. Cette réaction primaire est très éloignée de la complexité réflexive que nous sommes en droit d'attendre.

Le sociologue Bernard Rougier, dans un récent ouvrage[2], nous rappelle pourtant que « les salles de sport – le club de boxe en particulier – sont propices à l'exercice d'une prédication soucieuse de produire des injonctions chaque fois que le corps s'affirme dans

1. Voir https://www.leparisien.fr/faits-divers/attentat-de-conflans-l-assassin-avait-frequente-un-club-de-lutte-au-passe-trouble-18-10-2020-8403839.php

2. Bernard Rougier (dir.), *Les Territoires conquis de l'islamisme*, *op. cit.*

l'espace public. [...] Investir ces espaces de socialisation est un moyen pour les prédicateurs de cibler les forces vives de la jeunesse et de briser les passerelles d'intégration avec la société mécréante ». Si la discipline de combat présente un intérêt indéniable dans l'utilitarisme terroriste, une des clés de compréhension ne se trouverait-elle pas dans les structures et leurs possibles fragilités ? Dès 2016, le site gouvernemental Stop-djihadisme.gouv.fr[1] indiquait considérer le club de sport comme le principal lieu de radicalisation, suivi en seconde place de l'association puis du lieu de culte et enfin de la prison. Sachant que le sport est majoritairement de type associatif sur notre territoire, nous devrions nous inquiéter de ces deux premières places. Lors de mes recherches, je m'étais étonné de ce classement auprès des autorités policières avec lesquelles je m'étais entretenu. Pourtant, elles m'avaient bien confirmé ce triste podium.

Ces différentes analyses nous invitent à réfléchir et à agir autrement face à ce sujet sensible. Le constat est perturbant, voire inquiétant, mais il est factuel. Plusieurs éléments peuvent être discutés, et il est nécessaire de le faire, sans pour autant verser dans une approche idéologique et angélique du sport.

1. Voir http://www.stop-djihadisme.gouv.fr/radicalisation/mecanismes-radicalisation/comprendre-processus-radicalisation-djihadiste (consulté le 18 janvier 2018).

Chapitre 5

Le sport, un lieu d'éducation à protéger

Le sport vise à former des athlètes et des citoyens dans le respect des principes républicains, c'est ce que l'on nomme habituellement « l'éducation par le sport ». Cette discipline agit en complémentarité de l'action de l'Éducation nationale. Il est donc indispensable d'instaurer une cohérence éducative au sein de la République et non de proposer une approche dissociée qui nuirait inévitablement à la construction des citoyens français de demain. Les sports, les disciplines de combat en particulier, ne sont ni bons, ni mauvais, ils sont ce que nous en faisons. Alors agissons de manière responsable et cohérente avec les principes qui font la fierté de notre pays.

IDENTIFIER UN PROBLÈME MULTIFACTORIEL

La piste réflexive qui se dégage, au terme de toutes ces années de recherches sur le terrain, est la convergence du détournement de trois facteurs et d'un dénominateur commun au sein du même secteur.

Le premier détournement est structurel et relève de la perméabilité fonctionnelle du club, fédéré ou non. La mise en évidence d'une distinction relative à l'institutionnalisation des structures sportives me semble plus être un artefact protectionniste d'un modèle inopérant à réguler ce type de déviances. Rien au cours de mon enquête ne permet de jeter le discrédit sur un statut de club en particulier. Seule la fragilité, volontaire ou non, des textes réglementaires (statuts, règlement intérieur, etc.) régissant le fonctionnement de la structure ouvre une voie permissive à cette forme de déviance.

Le second détournement est quant à lui sportif, chaque discipline étant susceptible de présenter des avantages à la stratégie utilitariste et guerrière que l'on peut lui donner : c'est malheureusement le cas pour le tir, les arts martiaux et sports de combat, la musculation ou encore les sports collectifs (afin de renforcer la cohésion par exemple).

Enfin, le détournement de l'islam, inculqué et pratiqué sur la base d'une lecture rigoriste et décontextualisée, qui vise à promouvoir le séparatisme au sein des clubs. Pour que ces facteurs interagissent, il est nécessaire d'avoir un dénominateur commun : l'éducateur ou le dirigeant.

C'est la fonction-clé, celle sans qui rien ne se passe, en bien ou en mal. C'est sur cet « autrui significatif participant à la transformation de ce rapport à l'apprendre[1] »

1. L. Gojard et P. Terral, « L'insertion professionnelle des étudiants STAPS de la filière entrainement : modification du rapport au

que la République doit porter son attention en renforçant les compétences éducatives des bénévoles et des professionnels, sans écarter les exigences que nous sommes en droit d'attendre vis-à-vis du respect de nos principes républicains. En cas de manquement, la sanction doit être immédiate, action certes difficile mais nécessaire pour protéger notre modèle de société et surtout pour protéger la santé physique et morale des adhérents qui sont confiés à ces structures sportives. Sans une acceptation de la spécificité de ces causes multiples, aucune politique publique de prévention ne peut avoir de résultats pérennes. En élargissant le spectre d'intervention afin d'éviter d'étiqueter, au sens sociologique proposé par Howard Becker, les disciplines cibles, on diminue nécessairement l'efficacité de l'action publique.

Le monde du sport est habitué à la factualité et à l'objectivation, c'est le cœur du système compétitif. Tous les athlètes, entraîneurs et dirigeants ont intégré ces composantes dans leurs stratégies. Le pragmatisme que l'on attend des autorités viserait à concentrer les ressources dans les disciplines qui présentent le plus grand risque. Proposer des pistes d'amélioration, voire de possibles solutions, reste un exercice délicat et critiquable, mais il demeure essentiel.

---

sport et intellectualisation », *in* C. Collinet et D. Bernardeau (dir.), *Les Éducateurs sportifs en France depuis 1945. Histoire et sociologie d'une profession*, Rennes, PUR, 2009, p. 151-178.

EN FINIR AVEC L'INCOHÉRENCE ÉDUCATIVE

En qualité d'espace de socialisation, le sport est soumis aux interactions et aux tensions qui le traversent quotidiennement. Comme j'ai tenté de le démontrer, les atteintes à la neutralité, qui contestent les cadres de référence (règle 50.2 du CIO), débutent par la permissivité et peuvent aller jusqu'à la phase ultime du terrorisme. Il y a une forme d'apprentissage et de franchissements d'étapes dans ce parcours déviant. Si les individus qui franchissent le premier niveau de transgression ne continuent pas nécessairement leur parcours, la plupart des individus qui ont basculé dans la phase ultime sont passés par les étapes précédentes. Sur la base de ce constat, il convient, prioritairement, de concentrer notre action éducative et préventive sur le cadre de référence.

Confrontée à la permissivité politico-religieuse au début des années 1990, l'Éducation nationale a réfléchi durant plusieurs années à la meilleure façon de répondre à cette menace. Afin d'éviter que les élèves de la République franchissent d'autres paliers et après avoir renforcé les divers règlements, le Parlement a voté la loi n° 2004-228 du 15 mars 2004 encadrant, en application du principe de laïcité, le port de signes ou de tenues manifestant une appartenance religieuse dans les écoles, collèges et lycées publics. En appliquant ces restrictions ostentatoires, le législateur a souhaité garantir le principe d'égalité d'accès à l'éducation sans la contrainte du joug politico-religieux.

Ce courage politique a ainsi rappelé qu'en France l'école est un lieu d'éducation ou l'homme est l'égal de la femme, que l'esprit critique doit apprendre à se développer dans le respect de la liberté d'expression. Cette dimension émancipatrice vise également à permettre aux jeunes filles, élèves dans les écoles de la République, de pouvoir pratiquer l'éducation physique et sportive tout au long de leur parcours scolaire. En découvrant des activités physiques et sportives diversifiées, les élèves, en totale mixité et sans ostentation religieuse, développent des habilités motrices sans aucune pression familiale ou cultuelle.

Si nous pouvons nous réjouir de cette réussite éducative et sportive initiée par les professeurs d'EPS dans le temps scolaire, pourquoi laisser une posture dichotomique dans le sport fédéral, lieu de complémentarité éducative ?

Pour illustrer mon propos, prenons l'exemple d'une jeune élève de collège, de confession musulmane, qui est en classe de troisième. Au cours de son cycle d'EPS, l'enseignant propose l'activité de handball. Durant les cours, l'élève ne porte aucun signe ostentatoire de sa religion conformément au règlement scolaire. Le cours d'EPS se termine à 16 heures et la jeune fille, passionnée de handball, revient à 17 heures pour s'entraîner avec son club, dans le même gymnase. Elle y retrouve son professeur d'EPS qui est également son entraîneur en club, lui-même pratiquant et passionné de ce sport olympique. Pourtant, la jeune joueuse arbore un signe ostentatoire en portant un voile qui couvre ses cheveux au motif de son islamité. Même lieu, même discipline sportive, même professeur/entraîneur et pourtant des règles d'application du principe de neutralité différentes. Face à cette incohérence éducative, la jeune fille est placée dans une situation d'incompréhension qui l'oblige à interroger voire à remettre en cause le bien-fondé du cadre républicain, et en particulier celui, protecteur, de l'école.

Mais la légitimation de la permissivité cultuelle au sein du mouvement sportif ouvre nécessairement la voie d'un possible franchissement de paliers dans la graduation des atteintes à la neutralité. On peut craindre que les actions de prévention, au sens éducatif du terme, rencontreront bien des difficultés à enrayer les mécanismes déviants à l'œuvre dans les clubs visés. La réponse opérative de l'extension de la loi de 2004 précitée à l'ensemble du champ éducatif (sport et jeunesse) apparaît comme essentielle pour la préservation de notre modèle d'éducation républicain. En complémentarité, l'application des moyens coercitifs prévus par la récente loi n° 2021-1109 du 24 août 2021 confortant le respect des principes de la République nécessite volonté et courage. Qualités indispensables à la protection des enfants qui sont confiés quotidiennement par les parents aux acteurs du sport.

METTRE ENFIN EN ŒUVRE LA LOI

Avant tout, il est important de rappeler pourquoi cette loi de 2021 a vu le jour. Le plus simple étant de rappeler l'exposé des motifs[1], préambule de la loi :

> Notre république est notre bien commun. Elle s'est imposée à travers les vicissitudes et les soubresauts de l'histoire nationale parce qu'elle représente bien davantage qu'une simple modalité d'organisation des pouvoirs : elle est un projet. Mais ce projet est exigeant ; la République demande une adhésion de tous les citoyens qui en composent le corps. Elle vit par l'ambition que chacun des Français désire lui donner. Et c'est par cette ambition qu'elle se dépasse elle-même. Ainsi que le disait le président de la République, à l'occasion de la célébration du 150e anniversaire de la proclamation de la République le 4 septembre 2020 : « La République est une volonté jamais achevée, toujours à reconquérir. »
>
> Notre république s'est construite sur des fondations solides, des fondements intangibles pour l'ensemble des Français : la liberté, l'égalité, la fraternité, l'éducation, la laïcité.
>
> Un entrisme communautariste, insidieux mais puissant, gangrène lentement les fondements de notre société dans certains territoires. Cet entrisme est pour l'essentiel d'inspiration islamiste. Il est la manifestation d'un projet politique conscient, théorisé, politico-religieux, dont l'ambition est de faire prévaloir des normes religieuses sur la

1. L'exposé des motifs indique de manière simple et concise les raisons pour lesquelles ce projet est soumis au Parlement, l'esprit dont il procède, les objectifs qu'il se fixe et les modifications qu'il apporte au droit existant. Voir https://journals.openedition.org/mots/21873.

loi commune que nous nous sommes librement donnée. Il enclenche une dynamique séparatiste qui vise à la division. Ce travail de sape concerne de multiples sphères : les quartiers, les services publics et notamment l'école, le tissu associatif, les structures d'exercice du culte. Il s'invite dans le débat public en détournant le sens des mots, des choses, des valeurs et de la mesure.
L'idéologie séparatiste a fait le terreau des principaux drames qui ont endeuillé notre communauté nationale ces dernières années.
Face à l'islamisme radical, face à tous les séparatismes, force est de constater que notre arsenal juridique est insuffisant. Il faut regarder les choses en face : la République n'a pas suffisamment de moyens d'agir contre ceux qui veulent la déstabiliser.
En terminer avec l'impuissance face à ceux qui malmènent la cohésion nationale et la fraternité, face à ce qui méconnaît la République et bafoue les exigences minimales de vie en société, conforter les principes républicains : telle est l'ambition du projet de loi[1].

Dans cette loi, pas moins de cinq articles de la section 3 concernent des dispositions relatives au sport. Des moyens coercitifs sont posés concernant les associations instituées ou non, et pourtant la mise en œuvre se fait attendre. Non pas que l'État manque de « cibles », au sens des entorses relevées aux principes de la République puisqu'une liste de cent vingt-deux clubs déviants a été officialisée par la ministre Roxana Maracineanu devant les parlementaires et reprise par l'UCLAT. Avec l'outil législatif créé pour combattre

1. Voir www.legifrance.gouv.fr/dossierlegislatif/JORFDOLE000042635616/?detailType=EXPOSE_MOTIFS&detailId=.

les séparatismes, les ministères concernés ont la possibilité de protéger le sport et ses pratiquants de cet « entrisme communautariste insidieux », comme le nomme l'exposé des motifs de la loi.

Cette loi est une véritable avancée pour celles et ceux qui pensent qu'une menace existe dans le champ du sport, mais, à elle seule, elle ne permet pas une réponse optimale. C'est une loi de « dernier recours » qui doit intervenir lorsque la prévention a échoué. Prévenir sans cadre régalien précis est une mission impossible car cela induit une liberté d'interprétation et d'action, surtout lorsqu'il s'agit de religion. L'extension de la loi de 2004 à l'ensemble de la communauté éducative, complétée par la récente loi de 2021, conforterait l'action du modèle éducatif et sportif. Le sport français doit se réjouir de sa singularité à faire évoluer ses licenciés dans un cadre républicain qui encourage l'égalité entre les hommes et les femmes, l'émancipation, la mixité, etc. Les règlements sportifs internationaux contraires à nos principes ne doivent pas être mobilisés pour justifier notre pusillanimité à agir pour le bien de tous.

Chapitre 6

Incompétence ou complaisance ?

Le sport, dans son ensemble, a ceci de remarquable qu'il est capable d'objectiver les pires problématiques et de les résoudre pour se sortir de l'ornière. Si cela peut paraître parfois violent, les décisions sont le plus souvent prises en fin de processus lorsque toutes les options ont été évaluées et testées. Pour en venir à ce temps d'action, il est inévitable d'accepter la réalité de la problématique et de la conscientiser.

Afin de rester le plus objectif et le plus pragmatique possible, illustrons mon inquiétude sur la base des chiffres institutionnels. Pour ce faire, nous allons les intégrer dans le schéma de graduation des atteintes à la neutralité dans le champ du sport.

Ce schéma met en évidence le volume de sportifs impactés, directement et indirectement, par l'islamisme. Ces chiffres sont pourtant connus et partagés par les autorités. Si j'insiste volontairement sur ces données, c'est qu'elles sont éloquentes et inquiétantes.

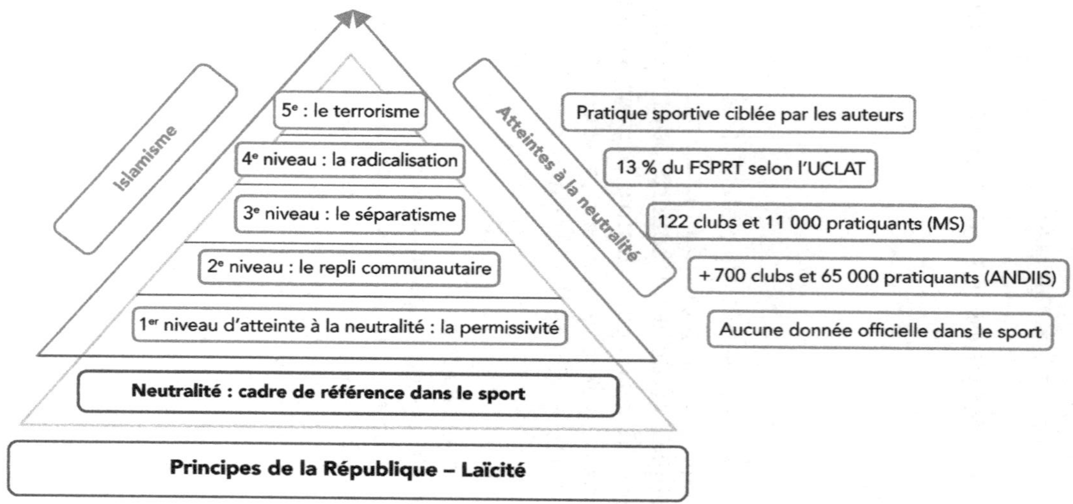
Islamisme
5e : le terrorisme
4e niveau : la radicalisation
3e niveau : le séparatisme
2e niveau : le repli communautaire
1er niveau d'atteinte à la neutralité : la permissivité
Neutralité : cadre de référence dans le sport
Principes de la République – Laïcité
Atteintes à la neutralité
Pratique sportive ciblée par les auteurs
13 % du FSPRT selon l'UCLAT
122 clubs et 11 000 pratiquants (MS)
+ 700 clubs et 65 000 pratiquants (ANDIIS)
Aucune donnée officielle dans le sport

En d'autres termes :

- 65 000[1] pratiquants s'entraîneraient au sein d'associations sportives communautarisées ;
- 11 000[2] sportifs s'entraînent dans cent vingt-deux clubs en lien avec la mouvance séparatiste ;
- 1 057 personnes[3], soit 13 %[4] des individus inscrits au FSPRT, sont suivies dans le cadre du sport.

Il est intolérable de laisser des associations communautarisées se développer sur le territoire, en toute connaissance de cause, sans que les autorités ne réagissent. Cette inaction facilite le repli communautaire de plusieurs dizaines de milliers individus au sein des structures instituées ou non.

Plus inquiétant encore et tout aussi incompréhensible, la connaissance interministérielle des clubs séparatistes. Comment peut-on à la fois indiquer publiquement un nombre de clubs qui ne respectent pas la loi et, dans le même temps, se refuser à la faire appliquer ? Durant sa prise de parole, la ministre expliquait avoir fait fermer cinq clubs sur les cent vingt-sept identifiés. Mais qu'est-ce qui justifie que les cent vingt-deux autres clubs bénéficient de la mansuétude gouvernementale ? Depuis deux ans, plus de onze mille sportifs continuent à prendre le risque d'être

1. Sur la base des propos du président de l'ANDIIS et du nombre moyen d'adhérents par club (INJEP).

2. Selon l'ancienne ministre des Sports Roxana Maracineanu et l'UCLAT.

3. Sur la base des fiches actives et des 2 860 individus de l'ensemble du fichier.

4. Selon un commissaire de l'UCLAT lors du colloque du 27 juin 2022 au conseil régional Île-de-France et sur la base des chiffres FSPRT communiqués par le ministre de l'Intérieur en octobre 2020.

endoctrinés au sein de ces clubs « protégés » par l'administration sportive, pourtant parfaitement consciente de la menace. Incompétence ou complaisance ?

Plus alarmant (si c'est encore possible), le millier d'individus radicalisés et fichés pour « sûreté de l'État » qui parcourt les salles de sport et les vestiaires français dans la plus totale impunité. Parfois dirigeants, possiblement éducateurs sportifs, le plus souvent pratiquants, ils agissent, au quotidien, au plus près de nos enfants et nos adolescents sans que l'on puisse les en empêcher. Incompétence ou complaisance ?

Si cette analyse m'éloigne de l'enthousiasme communicatif des instances sportives, je partage le constat de l'absence de massivité du phénomène, mais sans toutefois parler de marginalisation. Une fois encore ma focale se dirige sur les vrais problèmes qui ne sont absolument pas insignifiants dans les disciplines aujourd'hui « à risque ».

En étendant les constats à l'ensemble du mouvement sportif, on minimise volontairement la menace. Pourtant, cet artefact ne dupe pas les observateurs éclairés qui pensent qu'il est possible d'avoir une action significative pour conforter les principes républicains.

Pour ce faire, il serait judicieux de mobiliser trois mesures.

1. *Extension de la loi de 2004 au secteur du sport et inscription de la règle 50.2 de la Charte olympique dans les statuts associatifs.* – Je défends ces propositions depuis de nombreuses années auprès

des parlementaires, des autorités gouvernementales et des acteurs du sport. Très souvent, on me parle d'anti-constitutionnalité de ces mesures. Pourtant, le Conseil d'État[1] a lui-même rédigé, dans son avis du 3 décembre 2020, un engagement visant à renforcer la neutralité au sein du sport :

> En outre, eu égard au développement des phénomènes relevés plus haut, le Conseil d'État estime que le contrat de délégation de l'État à une fédération créé par le projet de loi pour les fédérations délégataires pourrait utilement comporter un engagement selon lequel la fédération assure la promotion et la plus large diffusion des valeurs et principes qui inspirent le 2 de l'article 50 de la Charte olympique qui stipule que : « Aucune sorte de démonstration ou de propagande politique, religieuse ou raciale n'est autorisée dans un lieu, site ou emplacement olympique. »

Qu'un sociologue puisse s'écarter du droit constitutionnel est une probabilité acceptable, mais il semble difficile de mettre en accusation le Conseil d'État sur cet aspect. Malheureusement, ni la proposition du sociologue ni celle formulée par l'un des deux garants de notre Constitution n'ont été retenues par les législateurs. Incompétence ou complaisance ?

2. *Intégrer la graduation des atteintes à la neutralité dans les conditions d'honorabilité restreignant l'exercice des éducateurs sportifs (professionnels et bénévoles).* – Alors que les conditions d'honorabilité sont

1. Avis du CE n° 401549 du 3 décembre 2020, p. 15-16.

contrôlées, pour l'ensemble des éducateurs sportifs, bénévoles ou professionnels, afin de préserver l'intégrité physique et morale des pratiquants, le ministère des Sports ne cherche pas à entraver l'action des éducateurs inscrits au FSPRT et fichés S. Comme je pense l'avoir mis en évidence, le pouvoir d'endoctrinement de ces « autrui significatifs[1] », ainsi que les nommerait le sociologue américain Everett C. Hughes, est susceptible d'engager les clubs dans des fonctionnements déviants. Cette fonction d'encadrement, bénévole ou professionnelle, doit impérativement être sécurisée au regard du pouvoir, potentiellement important, exercé par les éducateurs sur les licenciés.

Il est inconcevable de maintenir ces éducateurs en face à face pédagogique sans accepter d'assumer des éventuelles poursuites. Qu'adviendrait-il si un éducateur radicalisé (FSPRT et fiché S) endoctrinait de jeunes adolescents du club ? Rappelons que tous les individus fichés au FSPRT sont connus par les autorités administratives et policières du département. Les parents ne seraient-ils pas en droit de leur demander des comptes en cas de problème ? Sans intervention institutionnelle forte, nous continuerons à alimenter l'endoctrinement idéologique et religieux dans le champ du sport. Incompétence ou complaisance ?

3. *Appliquer sans délai la loi du 24 août 2021.* – Dans son discours des Mureaux, le président de la République promettait : « À l'islamisme politique brandi comme

1. Everett Hughes, *Le Regard sociologique. Essais choisis*, textes rassemblés et présentés par J.-M. Chapoulie, Paris, EHESS, 1996.

une fierté, nous devons opposer un patriotisme républicain assumé[1]. »

L'école a fait l'objet d'une recherche consciencieuse des établissements qui prônaient une éducation contraire aux valeurs de la République. Sur la base de la loi du 24 août 2021 confortant le respect des principes de la République, les autorités ont très justement sanctionné sans faillir pour faire respecter l'ordre républicain.

Alors que des menaces similaires sont identifiées au sein des clubs sportifs, on est en droit de s'interroger sur la frilosité des autorités à mobiliser le même cadre légal. Tout en étant capable de communiquer sur l'identification et la localisation des clubs séparatistes, la République recule et se montre faible. Ainsi, nous mettons sciemment nos enfants en danger au sein de ce formidable espace d'éducation que représente le sport alors que la récente loi du 24 août 2021 nous permet de les protéger. Incompétence ou complaisance ?

Apprenons de la citation de Jean Rostand[2] : « Attendre d'en savoir assez pour agir en toute lumière, c'est se condamner à l'inaction », et maintenant que nous en savons un peu plus, que nous avons les moyens d'agir, ne nous cachons pas et œuvrons pour nos enfants et pour la République.

1. Voir https://www.elysee.fr/emmanuel-macron/2020/10/02/la-republique-en-actes-discours-du-president-de-la-republique-sur-le-theme-de-la-lutte-contre-les-separatismes.

2. Jean Rostand, *Inquiétudes d'un biologiste*, 1967.

Table

Composition et mise en pages
Nord Compo à Villeneuve-d'Ascq

PEFC
10-31-3532

Certifié PEFC

Ce produit est issu de forêts gérées durablement et de sources contrôlées

www.pefc-france.org

Imprimé en France sur papiers issus de forêts gérées durablement

Sepec Numérique

1, rue de Prony - ZA des Bruyères
01960 Peronnas

IMPRIM'VERT®

Achevé d'imprimer en octobre 2023
Numéro d'impression : N17932230865